INFANSIA MIEDO PARA NIÑOS 8-12

OMINA TUS HERIDAS DEL PASADO, CÚRATE,
DEJA DE SENTIRTE Y HACER FRENTE AL TPTP
MEDIANTE LA

Por

Carol C.

Serene Publications

Aviso de exención de responsabilidad

Este libro está escrito y publicado de forma independiente. Tenga en cuenta que el material de esta publicación es únicamente para fines educativos y de entretenimiento. Todos los esfuerzos han proporcionado información auténtica, actualizada, confiable y completa. No hay garantías expresas o implícitas. El propósito del material de este libro es ayudar a los lectores a tener una mejor comprensión del tema. Las actividades, la información y los ejercicios se proporcionan únicamente para información de autoayuda. Este libro no pretende reemplazar a los psicólogos expertos, legales, financieros u otra orientación. Si necesita asesoramiento, póngase en contacto con un profesional calificado.

Al leer este texto, el lector acepta que el autor no será responsable de ningún daño, indirecto o directo, experimentado debido al uso de la información incluida en este documento, en particular, pero no limitado a, omisiones, errores o inexactitudes. Usted es responsable de sus decisiones, acciones y consecuencias como lector.

Sobre el autor

Carol C. es una distinguida psicóloga, autora publicada y oradora motivacional dinámica, con más de 15 años de experiencia especializada en el tratamiento de traumas infantiles, trastornos de estrés postraumático y problemas de salud mental relacionados. Carol C se basa en la creencia de que cada niño y adolescente posee un potencial sin explotar y fortalezas únicas, esperando ser desbloqueadas. A través de sus técnicas terapéuticas de vanguardia, talleres de empoderamiento y orientación compasiva, ayuda a los jóvenes de todos los ámbitos de la vida a superar la adversidad y transformar sus vidas de sobrevivir a prosperar.

TABLA DE CONTENIDOS

Pocas palabras para las estrellas en ascenso

Estimados jóvenes lectores,

Me complace presentarle "El libro de ejercicios de trauma infantil para niños 9-12", una guía para ayudarlo a dominar sus heridas pasadas y curarse del trastorno de estrés postraumático. Este libro está especialmente diseñado para usted, con ejercicios interactivos, consejos útiles y actividades divertidas para guiarlo a través del proceso de curación.

El trauma infantil puede ser difícil de manejar, pero con la ayuda de este libro de ejercicios, puede aprender cómo lidiar con sus sentimientos, superar los pensamientos negativos y comenzar a sentirse mejor. El libro le enseñará cómo usar las técnicas de terapia cognitiva conductual para desafiar los pensamientos negativos, desarrollar la autoestima y controlar la ansiedad.

A través de este libro, aprenderás cómo pasar de sobrevivir a prosperar y convertirte en la mejor versión de ti mismo. Entonces, ¡comencemos este viaje juntos hacia la curación y la felicidad!

Introducción

"Es posible que las heridas causadas por el trauma infantil nunca desaparezcan por completo".

"La incapacidad de superar el impacto del trauma infantil puede ser una tragedia mayor que el trauma en sí". -Dr. Bessel van der Kolk

"Aunque no es una sentencia de por vida, los efectos del trauma infantil pueden ser una lucha a lo largo de la vida".

"La herida del trauma infantil puede persistir porque nunca se permitió que sanara completamente".

El trauma infantil puede afectar a cualquier persona, incluso a las celebridades, que lo tienen. Un ejemplo de ello es Oprah Winfrey, una de las personalidades mediáticas más exitosas y queridas del mundo. La traumática infancia de Oprah comenzó cuando tenía solo nueve años, y su madre la envió a vivir con su padre en Nashville. Allí, Oprah fue sometida a abuso físico y emocional por parte de su padre y los miembros de su familia. También experimentó abuso sexual por parte de varios hombres, incluidos miembros de la familia, un amigo de su madre y un adolescente de su vecindario.

A pesar del trauma que soportó, Oprah perseveró y se convirtió en una de las mujeres más exitosas e influyentes del mundo. A través de la terapia y la autorreflexión, pudo enfrentar sus traumas pasados y usar sus experiencias para ayudar a otros a sanar. La historia de Oprah sirve como un recordatorio de que el trauma infantil no define el futuro de una persona, y con las herramientas y el apoyo adecuados, cualquiera puede superar sus heridas pasadas y prosperar.

Una persona famosa que ha compartido su historia de trauma infantil es la actriz y comediante Tiffany Haddish. En sus memorias "El último unicornio negro", escribe sobrecrecer en hogares de acogida y experimentar negligencia y abuso por parte de su madre. Haddish también comparte cómo sus experiencias traumáticas afectaron su salud mental y sus relaciones como adulta, incluidas las luchas con el trastorno de estrés postraumático y los pensamientos suicidas. A pesar de estos desafíos, Haddish ha encontrado la curación a través de la terapia y el humor, utilizando su plataforma para crear conciencia sobre el trauma infantil y abogar por un mejor apoyo para los niños de crianza.

Los efectos del trauma infantil pueden ser de gran alcance y pueden afectar a personas de cualquier origen o grupo de edad, independientemente de su género, estatus socioeconómico o herencia cultural. El trauma infantil puede manifestarse de muchas maneras, incluyendo pero no limitado a abuso físico, emocional o sexual, negligencia o exposición a violencia o eventos catastróficos. Los efectos del trauma infantil pueden ser de gran alcance y duraderos, afectando la salud mental, emocional y física de una persona, así como su capacidad para formar relaciones saludables y alcanzar su máximo potencial. Es importante reconocer la naturaleza generalizada del trauma infantil y trabajar para crear un entorno de apoyo y curación para los afectados.

El impacto del trauma infantil es multifacético y angustiante, a menudo dejando consecuencias duraderas en el bienestar de un individuo. Las repercusiones del trauma pueden surgir en diferentes formas, como ansiedad, depresión y trastorno de estrés postraumático. Los efectos del trauma pueden ser particularmente desafiantes para los niños, que pueden tener dificultades para expresar sus emociones y buscar ayuda. Aquí es donde entra "El libro de ejercicios de trauma infantil para niños 9-12.

Este libro de trabajo ha sido diseñado para ayudar a los niños y sus padres a comprender y sobrellevar los efectos del trauma utilizando técnicas de terapia cognitivo-conductual basadas en la evidencia. A través de una serie de ejercicios atractivos e interactivos, los niños aprenderán cómo identificar y manejar sus emociones, desarrollar estrategias de afrontamiento saludables y desarrollar un sentido de autocompasión y resiliencia.

Para dar un ejemplo de la vida real, considere a un niño que ha experimentado abuso físico por parte de un padre. El trauma puede conducir a sentimientos de miedo, ansiedad y baja autoestima. El niño puede tener dificultades para expresar estas emociones y retirarse de las interacciones sociales. Sin embargo, al usar las técnicas de este libro de ejercicios, el niño puede aprender a identificar y expresar sus emociones, desarrollar mecanismos de afrontamiento saludables y desarrollar la autoestima. A través del apoyo de un adulto de confianza y los ejercicios en el libro de trabajo, el niño puede comenzar a sanar de su trauma y avanzar hacia una vida más saludable y feliz.

En general, "El libro de ejercicios de trauma infantil para niños 9-12" es un recurso esencial para cualquier padre cuyo hijo haya experimentado un trauma y esté tratando de ir más allá de sobrevivir para prosperar. Este libro de ejercicios permite a los niños tomar el control de su viaje de curación y construir un futuro más brillante al proporcionar un entorno seguro y compasivo para que exploren sus emociones y desarrollen estrategias de afrontamiento saludables.

Capítulo 1: Comprender el trauma infantil

El trauma infantil es una experiencia emocionalmente cargada y angustiante que se deriva de la ocurrencia de un evento traumático o una serie de eventos traumáticos durante la infancia. Los efectos profundos del trauma pueden persistir mucho después de la experiencia y pueden afectar profundamente el bienestar emocional, psicológico y físico de un niño. Los eventos que causan trauma pueden tomar muchas formas, como abuso físico, emocional o sexual, negligencia, desastres naturales, accidentes o presenciar violencia u otras situaciones desgarradoras. Los efectos del trauma pueden variar, dependiendo de la gravedad del trauma, la edad del niño cuando ocurrió el trauma y el sistema de apoyo del niño.

Los niños que experimentan un trauma pueden presentar síntomas como ansiedad, depresión, ira o desregulación emocional. Pueden luchar con problemas de comportamiento, trastornos del sueño, pesadillas, flashbacks y dificultades sociales. Es importante que los padres entiendan que los niños que han experimentado un trauma necesitan atención y apoyo especiales.

Aquí hay un ejemplo de la vida real de cómo comprender el trauma infantil puede marcar la diferencia para los padres:

Samantha es madre de dos niños pequeños. Su hijo mayor, un hijo de 7 años, siempre ha sido un desafío. Se desencadena fácilmente, es propenso a arrebatos de ira y agresión, y a menudo parece ansioso y nervioso. Samantha ha intentado todo lo que se le ocurre para ayudar a su hijo, desde hablar con él sobre sus sentimientos hasta castigarlo cuando se porta mal. Pero nada parece funcionar, y ella está al final de su ingenio.

Un día, la amiga de Samantha sugiere que el comportamiento de su hijo podría estar relacionado con un trauma infantil. Samantha es escéptica al principio, pero comienza a investigar y aprender más sobre el trauma y sus efectos en los niños. Mientras lee sobre los síntomas del trauma, se da cuenta de que muchos de ellos describen el comportamiento de su hijo. También comienza a entender que los arrebatos de su hijo no son el resultado de que él sea "malo" o "difícil", sino más bien una forma de lidiar con sus experiencias.

Con este nuevo entendimiento, Samantha se acerca a su hijo de manera diferente. En lugar de castigarlo por su comportamiento, ella comienza a escuchar más de cerca lo que está tratando de comunicar. Ella le hace preguntas abiertas y valida sus sentimientos. También comienza a incorporar actividades más relajantes en su rutina diaria, como leer juntos o hacer yoga. Lenta pero seguramente, Samantha ve un cambio en el comportamiento de su hijo. Todavía es propenso a los arrebatos, pero son menos frecuentes y menos intensos. También está más dispuesto a hablar con su madre sobre lo que está pasando con él.

Al tomarse el tiempo para comprender el trauma infantil y sus efectos en su hijo, Samantha puede abordar la crianza de los hijos de una manera más empática y efectiva. Ella es capaz de proporcionar a su hijo el apoyo y los recursos que necesitaba para trabajar a través de su trauma y desarrollar mecanismos de afrontamiento saludables.

1.1. Desentrañando el misterio del trauma infantil

El trauma infantil es un fenómeno complejo y a menudo incomprendido. Desentrañar el misterio del trauma infantil requiere una comprensión de los diferentes tipos de trauma que pueden ocurrir, cómo el trauma afecta a los niños y las formas en que se puede ayudar a los niños a superar los efectos del trauma.

La experiencia del trauma infantil puede provenir de una variedad de eventos, que incluyen negligencia, abuso físico, emocional o sexual, pérdida repentina o inesperada, exposición a la violencia o desastres naturales. Los efectos del trauma pueden ser inmediatos y duraderos, afectando el desarrollo, el comportamiento y las relaciones de un niño con los demás. Los niños traumatizados pueden tener dificultades con la regulación emocional, exhibir un comportamiento agresivo o impulsivo y tener dificultades para formar vínculos saludables con los cuidadores o compañeros.

Para desentrañar el misterio del trauma infantil, los padres primero deben reconocer los signos de trauma en su hijo. Estos pueden incluir pesadillas, dificultad para dormir, hipervigilancia y reacciones intensas a los recordatorios del evento traumático. Una vez identificados, los padres pueden ayudar a sus hijos a través de una variedad de intervenciones, que incluyen terapia, grupos de apoyo y actividades para reducir el estrés como la atención plena o el ejercicio.

Es importante que los padres entiendan que la curación del trauma infantil es un proceso que requiere tiempo y paciencia. Los niños pueden requerir apoyo e intervención continuos para superar los efectos del trauma, y puede haber contratiempos en el camino. Sin embargo, con el apoyo y los recursos adecuados, los niños pueden sanar y avanzar en una dirección positiva.

1.2. Las muchas caras del trauma infantil

El trauma infantil puede tomar muchas formas diferentes y puede tener un profundo impacto en la vida de un niño. Puede provenir de varias fuentes, como abuso, negligencia, violencia, pérdida de un ser querido y otras experiencias adversas. Las experiencias traumáticas pueden manifestarse de diferentes maneras, afectando el desarrollo emocional, físico y cognitivo de los niños. Algunos niños pueden mostrar signos obvios de angustia, mientras que otros pueden ocultar su dolor detrás de una máscara de normalidad.

Por ejemplo, un niño que ha sufrido abuso físico puede mostrar signos de lesiones físicas, como moretones o cortes, pero también puede exhibir angustia emocional, como ansiedad o depresión. Por otro lado, un niño que ha experimentado negligencia puede no mostrar ningún signo visible de trauma, pero puede tener dificultades para formar relaciones o desarrollar un sentido de confianza.

Del mismo modo, un niño que ha sido testigo de violencia doméstica puede exhibir problemas de comportamiento como la agresión, mientras que otro niño que ha experimentado abuso sexual puede exhibir comportamientos de autolesión o tener dificultades con la intimidad sexual más adelante en la vida. Estas diferentes caras del trauma infantil hacen que sea difícil de identificar y abordar, pero es importante que los padres reconozcan los signos y busquen ayuda si es necesario.

También es importante tener en cuenta que el trauma infantil puede tener efectos de por vida en la vida de un niño, afectando su salud mental, relaciones y éxito futuro. Por lo tanto, es crucial que los padres tomen en serio el trauma infantil y busquen ayuda profesional si su hijo ha experimentado alguna experiencia adversa.

1.3. Los efectos dominó del trauma

El trauma infantil puede tener efectos de largo alcance que se extienden más allá del individuo que lo experimenta. Al igual que una piedra arrojada a un estanque, los efectos dominó del trauma se pueden sentir a lo largo de la vida de una persona, afectando sus relaciones, salud mental e incluso salud física. Por ejemplo, un niño que experimenta negligencia o abuso a una edad temprana puede crecer con problemas de confianza y luchar para formar relaciones saludables en la edad adulta. También pueden desarrollar ansiedad o depresión, lo que puede conducir a problemas de salud física como enfermedades cardíacas o dolor crónico. Los efectos dominó del trauma también pueden afectar a las generaciones futuras, ya que los efectos del trauma pueden transmitirse a través de cambios epigenéticos en el ADN. Es importante que los padres comprendan los efectos de largo alcance del trauma infantil y busquen el apoyo y el tratamiento adecuados para ellos y sus hijos para evitar que los efectos dominó se propaguen aún más.

1.4. Cómo el trauma puede conducir al trastorno de estrés postraumático

Los efectos del trauma infantil pueden ser profundamente arraigados y devastadores, con el potencial de afectar el crecimiento emocional y psicológico de un niño, lo que a menudo conduce al desarrollo de un trastorno de estrés postraumático en la edad adulta. Los eventos traumáticos como el abuso físico o sexual, la negligencia, los desastres naturales o la exposición a la violencia pueden inundar los mecanismos de afrontamiento de un niño y romper su sentido de seguridad. Estas experiencias pueden dejar huellas indelebles en el desarrollo cerebral de un niño, lo que puede aumentar significativamente su vulnerabilidad a desarrollar un trastorno de estrés postraumático más adelante en la vida.

Cuando un niño experimenta un trauma, su cerebro puede entrar en modo de "lucha o huida", lo que desencadena la liberación de hormonas del estrés como la adrenalina y el cortisol. Estas hormonas pueden afectar el desarrollo del cerebro del niño, lo que lleva a cambios en la amígdala, el hipocampo y la corteza prefrontal, que son todas áreas del cerebro involucradas en el procesamiento de las emociones, la memoria y las respuestas al estrés.

Los niños que experimentan un trauma también pueden tener problemas con síntomas como pesadillas, flashbacks y pensamientos intrusivos. Pueden evitar situaciones o desencadenantes que les recuerden el evento traumático y pueden asustarse fácilmente o tener un mayor sentido de vigilancia. Estos síntomas pueden afectar su funcionamiento diario y provocar dificultades en la escuela, las relaciones sociales y el bienestar general.

Los ejemplos de trauma infantil que pueden conducir al trastorno de estrés postraumático incluyen:

o *Abuso físico o sexual*

- o *Presenciar violencia doméstica u otras formas de violencia*
- o *Negligencia o abuso emocional*
- o *Trauma médico*
- o *Desastres naturales u otros eventos traumáticos*

Es importante que los padres reconozcan los signos de trauma en sus hijos y busquen el apoyo y el tratamiento adecuados. La intervención temprana puede ayudar a mitigar los efectos del trauma y reducir el riesgo de consecuencias a largo plazo, como el trastorno de estrés postraumático.

Capítulo 2: Reconocer los síntomas de trauma de su hijo

Como padre, usted está constantemente velando por el bienestar de su hijo. Es importante reconocer que el trauma puede tener un profundo impacto en la salud emocional y mental de su hijo. Es natural que los niños experimenten una variedad de emociones, pero si nota cambios persistentes y severos en su comportamiento o estado de ánimo, podría ser un signo de trauma. Su hijo puede presentar síntomas como irritabilidad, ira, ansiedad, depresión y dificultad para dormir o concentrarse. También pueden evitar cosas que les recuerden el evento traumático o asustarse fácilmente. Es importante entender que el trauma puede manifestarse de muchas maneras diferentes y que cada niño responde de manera diferente. Al ser consciente del comportamiento de su hijo, puede tomar medidas para apoyarlo y ayudarlo a sanar.

2.1. Las heridas ocultas: síntomas comunes del trauma infantil en niños

El trauma infantil puede tener heridas ocultas que pueden no ser fácilmente reconocidas o notadas por los padres. Es importante que los padres estén al tanto de los síntomas comunes que pueden indicar que su hijo ha experimentado un trauma.

Un síntoma común es que el niño puede parecer distante o desconectado de los demás como si estuviera en un mundo propio. Pueden retirarse de las actividades que alguna vez disfrutaron o mostrar falta de interés en socializar con amigos y familiares. Por ejemplo, un niño que ama jugar al fútbol puede perder repentinamente el interés y ya no querer participar.

Otro síntoma es el aumento de la ansiedad o el miedo. Los niños que han experimentado un trauma pueden sentirse más ansiosos y preocupados por las situaciones cotidianas, como ir a la escuela o ser separados de sus padres. También pueden tener pesadillas o flashbacks relacionados con el evento traumático que experimentaron.

Los niños que han experimentado un trauma también pueden exhibir un comportamiento regresivo, como mojar la cama o chuparse el dedo. También pueden volverse más pegajosos y tener ansiedad por separación. Este comportamiento puede ser una forma para que el niño haga frente al trauma que ha experimentado, buscando consuelo y tranquilidad de sus padres o cuidadores.

Además, algunos niños pueden volverse agresivos o actuar como resultado de su trauma. Pueden tener dificultades para controlar sus emociones y pueden volverse fácilmente irritables o enojados. Por ejemplo, un niño que fue testigo de violencia doméstica en su hogar puede volverse agresivo con sus hermanos o compañeros.

Es importante que los padres reconozcan estos síntomas y busquen ayuda profesional si sospechan que su hijo ha experimentado un trauma. El trauma infantil puede tener un impacto duradero en la salud mental de un niño, pero con el apoyo y el tratamiento adecuados, los niños pueden aprender a sanar y avanzar en una dirección positiva.

2. Cuando el trauma habla más fuerte: cómo el trauma puede afectar los pensamientos, sentimientos y comportamientos de su hijo

Cuando su hijo ha experimentado un trauma, puede afectarlo de maneras que no siempre son obvias. El trauma puede filtrarse en sus pensamientos, sentimientos y comportamientos, a menudo dificultando que funcionen en su vida diaria. Por ejemplo, un niño que ha estado en un accidente automovilístico puede sentir miedo de volver a viajar en un automóvil, lo que lleva a evitar cualquier actividad que implique estar en un automóvil. Del mismo modo, un niño que ha sufrido abuso físico puede tener dificultades para confiar en los demás y puede arremeter con ira como un medio de autoprotección.

El trauma también puede afectar los pensamientos de un niño, lo que lleva a un diálogo interno negativo y creencias sobre sí mismo y el mundo que lo rodea. Pueden sentir que tienen la culpa del trauma que experimentaron o que no son dignos de amor y cuidado. Esto puede resultar en baja autoestima y dificultades para formar relaciones saludables.

En términos de comportamientos, el trauma puede manifestarse de varias maneras. Un niño puede mostrar signos de hiperexcitación, como sobresaltarse fácilmente o tener dificultad para dormir. También pueden participar en conductas de riesgo, como el abuso de sustancias o actividades peligrosas, para hacer frente a su trauma. Por otro lado, algunos niños pueden retirarse y aislarse de los demás como un medio de autoprotección.

Es importante entender que estos comportamientos y síntomas no son un reflejo del carácter o la personalidad de su hijo. Más bien, son una respuesta al trauma que han experimentado. Con el apoyo y los recursos adecuados, su hijo puede aprender a controlar sus síntomas y avanzar de una manera saludable y positiva.

2.3. Flashbacks y desencadenantes: comprensión de los desencadenantes y flashbacks en los niños

Los desencadenantes y flashbacks son síntomas comunes de trauma que pueden tener un impacto significativo en los niños. Los desencadenantes son eventos o situaciones que le recuerdan a un niño su experiencia traumática y pueden causar una variedad de reacciones emocionales y físicas. Estas reacciones pueden incluir ataques de pánico, flashbacks, pesadillas, miedo intenso o incluso dolor físico.

Los flashbacks, por otro lado, son recuerdos vívidos y angustiantes de un evento traumático que puede volver a un niño en cualquier momento. Pueden ser desencadenados por imágenes, sonidos, olores o incluso sentimientos que les recuerdan la experiencia traumática. Los flashbacks pueden ser increíblemente abrumadores y pueden hacer que un niño sienta que está reviviendo el evento traumático.

Es importante que los padres entiendan que los desencadenantes y flashbacks no son acciones deliberadas de su hijo, sino respuestas involuntarias al trauma. Los padres pueden apoyar a sus hijos aprendiendo a reconocer los desencadenantes de sus hijos y ayudándoles a desarrollar estrategias de afrontamiento para manejar sus reacciones emocionales y físicas.

Por ejemplo, un niño que ha experimentado un accidente automovilístico puede ser desencadenado por el sonido de la bocina de un automóvil o la vista de un accidente automovilístico en la televisión. Pueden experimentar un flashback del accidente y sentirse abrumados por el miedo y la ansiedad. Como resultado, el niño puede evitar subirse a un automóvil o negarse a ir a la escuela si tiene que pasar el lugar del accidente.

En otro ejemplo, un niño que ha sufrido abuso físico puede ser desencadenado por alguien que levanta la voz o un cierto tono de voz. Pueden tener un flashback del abuso y volverse extremadamente ansiosos o temerosos. Como resultado, el niño puede tener dificultades para comunicarse de manera efectiva o tener dificultades para confiar en los demás.

Al comprender los desencadenantes y los flashbacks, los padres pueden ayudar a su hijo a sentirse escuchado y validado, brindar apoyo en momentos de angustia y ayudar a su hijo a desarrollar mecanismos de afrontamiento saludables para controlar estos síntomas.

2.4 Empresas

Síntomas de trauma

La hoja de trabajo "Síntomas de trauma" es una herramienta importante para que los niños identifiquen y comprendan sus propios síntomas de trauma. Al reconocer y nombrar sus síntomas, los niños pueden comenzar a tomar el control de sus experiencias y desarrollar estrategias de afrontamiento para manejar sus emociones. Al hacerlo, los niños pueden comenzar a comprender cómo sus síntomas de trauma afectan su vida diaria y sus relaciones.

Mis síntomas de trauma

Instrucciones: El trauma puede afectar a las personas de diferentes maneras. Esta hoja de trabajo está diseñada para ayudarlo a identificar sus propios síntomas de trauma y cómo le afectan. Lea cada declaración a continuación y encierre en un círculo el número que mejor describa con qué frecuencia experimenta ese síntoma. Luego, anota cómo te afecta ese síntoma en tu vida diaria.

Me siento ansioso o preocupado incluso cuando no hay ningún peligro evidente a mi alrededor.

(0) Nunca

(1) A veces

(2) A menudo

(3) Casi siempre

Cómo me afecta esto:_____

_____

Tengo pesadillas o flashbacks sobre el evento traumático.

(0) Nunca

(1) A veces

(2) A menudo

(3) Casi siempre

Cómo me afecta esto:_____

_____

Me siento enojada o irritable sin razón aparente.

(0) Nunca
(1) A veces
(2) A menudo
(3) Casi siempre
Cómo me afecta esto:_____

Me siento triste o sin esperanza acerca del futuro.

(0) Nunca
(1) A veces
(2) A menudo
(3) Casi siempre
Cómo me afecta esto:_____

Me siento entumecida o desconectada de mis emociones.

(0) Nunca
(1) A veces
(2) A menudo
(3) Casi siempre
Cómo me afecta esto:_____

Tengo problemas para dormir o quedarme dormido.

(0) Nunca
(1) A veces
(2) A menudo
(3) Casi siempre
Cómo me afecta esto:_____

Me siento hipervigilante o al límite como si algo malo pudiera suceder.

(0) Nunca
(1) A veces
(2) A menudo
(3) Casi siempre
Cómo me afecta esto:_____

Tengo síntomas físicos como dolores de cabeza, dolores de estómago o un corazón acelerado.

(0) Nunca
(1) A veces
(2) A menudo
(3) Casi siempre
Cómo me afecta esto:_____

Evito ciertas personas, lugares o actividades porque me recuerdan el evento traumático.

(0) Nunca
(1) A veces
(2) A menudo
(3) Casi siempre
Cómo me afecta esto:_____

Siento que no soy yo mismo o que algo dentro de mí ha cambiado.

(0) Nunca
(1) A veces
(2) A menudo
(3) Casi siempre
Cómo me afecta esto:_____

Reflexión: *Mira hacia atrás en tus respuestas. ¿Qué patrones o temas notas? ¿Cómo te afectan estos síntomas en tu vida diaria? ¿Hay algún síntoma con el que sientas que necesitas más ayuda? Hable con un adulto o consejero de confianza sobre cómo obtener apoyo para su viaje de curación.*

Mis disparadores y flashbacks

Para los niños que han sufrido traumas, la hoja de trabajo "Mis desencadenantes y flashbacks" sirve como un instrumento crucial para ayudarlos a sobrellevar sus experiencias. El trauma puede infligir un costo duradero en el bienestar mental de un niño, precipitando síntomas debilitantes como ansiedad, depresión y trastorno de estrés postraumático. Uno de los aspectos más desafiantes del trauma es la imprevisibilidad de los desencadenantes y flashbacks, que pueden causar reacciones emocionales y físicas intensas. Al usar la hoja de trabajo, los niños pueden aprender a identificar sus desencadenantes y comprender cómo experimentan los flashbacks. Esto puede ayudarlos a sentirse más en control de sus síntomas y desarrollar estrategias de afrontamiento para cuando se desencadenan.

disparadores

Agradecido 3

siento...

Fuera de control —
Enojado —
Decepcionado —
Triste —
Preocupado —
Abrumado —
Enojado —
Calma —
Feliz —

Comience marcando su estado de ánimo para cada día de la semana usando las siguientes emociones. Por ejemplo, si se siente feliz el lunes, escriba "M" al lado de la palabra "feliz" en el Medidor de estado de ánimo.

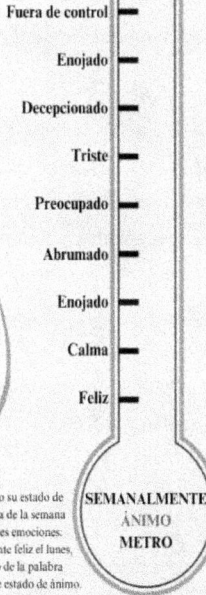

SEMANALMENTE
ÁNIMO
METRO

Tome una respiración profunda durante tres segundos.

Exhala durante seis segundos.

Repita este proceso inhalando durante dos segundos y exhalando durante cuatro segundos.

Toma de tierra

Comience identificando cinco cosas que puede ver a su alrededor.

1._____
2._____
3._____
4._____
5._____

Luego, identifica cuatro formas que puedas ver.

1._____
2._____
3._____
4._____

Después de eso, concéntrate en tres cosas que puedas tocar con la mano.

1._____
2._____
3._____

A continuación, escuche dos sonidos que pueda escuchar.

1._____
2._____

Finalmente, identifica una emoción que estés sintiendo.

1._____

Mis disparadores
y flashbacks

Instrucciones: El trauma puede causar que las personas tengan fuertes reacciones a ciertas cosas o situaciones que les recuerdan el evento traumático. Esta hoja de trabajo está diseñada para ayudarlo a identificar sus factores desencadenantes y cómo experimenta los flashbacks. Complete los espacios en blanco y discuta sus respuestas con su padre o cuidador.

I. ¿Cuáles son algunas cosas o situaciones que desencadenan sus síntomas de trauma? Ejemplos: ruidos fuertes, ciertos olores, estar solo, lugares llenos de gente, personas o lugares específicos, etc.

_____

_____

_____

_____

II. ¿Cómo sabes cuándo estás activado? ¿Qué sensaciones físicas, emociones o pensamientos experimenta? Ejemplos: corazón acelerado, sudoración, ansiedad o miedo, enojo o irritabilidad, pensamientos o recuerdos negativos, etc.

_____

_____

_____

_____

_____

tercero ¿Cómo te las arreglas cuando te disparan? ¿Qué estrategias te ayudan a sentirte mejor o a calmarte? Ejemplos: respirar profundamente, hablar con alguien, usar una pelota antiestrés o un juguete, escuchar música, salir a caminar, etc.

_____

_____

_____

_____

IV. ¿Alguna vez has experimentado un flashback? ¿Cómo fue? ¿Cómo te sentiste durante y después del flashback?

_____

_____

_____

_____

V. ¿Cómo pueden ayudarte tus padres o cuidadores cuando experimentas un flashback? ¿Qué necesitas de ellos para sentirte seguro y apoyado?

_____

_____

_____

_____

VI. Habla con tus padres o cuidadores sobre tus desencadenantes y recuerdos. ¿Cómo pueden trabajar juntos para controlar sus síntomas y sentirse más en control? Considere buscar ayuda de un profesional de la salud mental si sus síntomas de trauma interfieren con su vida diaria. Recuerda que la curación es posible y no estás solo.

_____

_____

_____

_____

Estrategia eficaz para gestionar las preocupaciones: una guía paso a paso

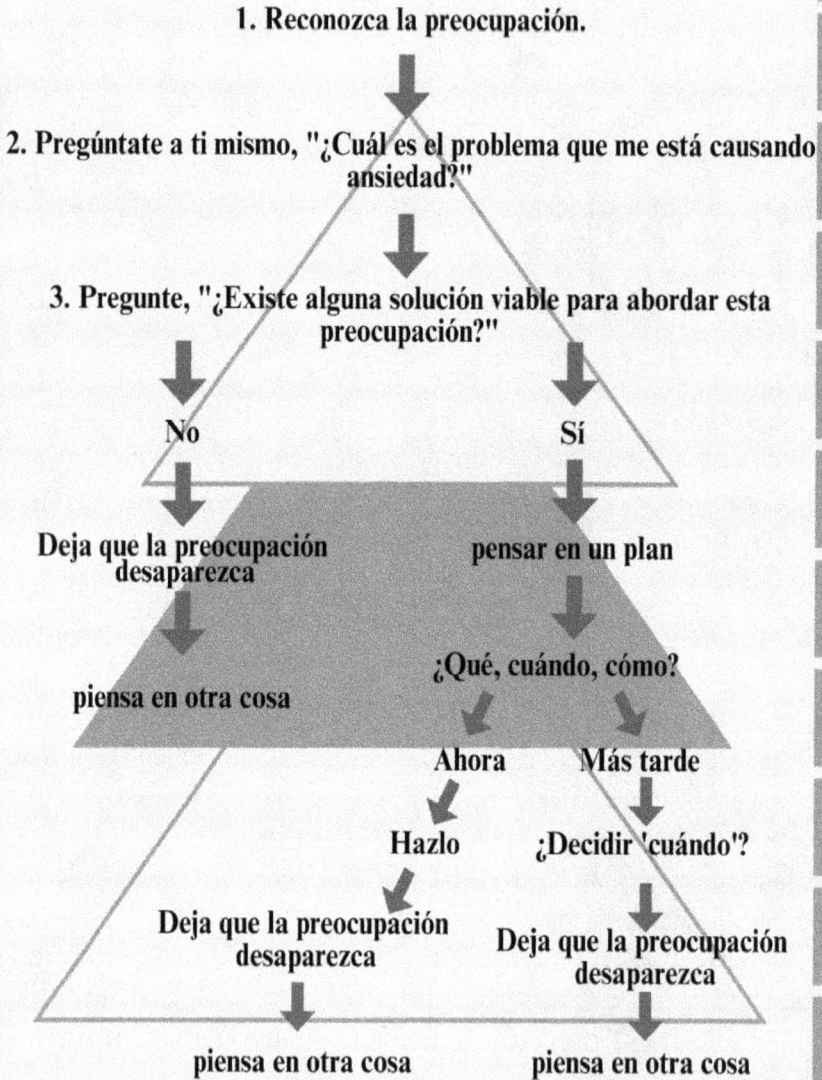

1. Reconozca la preocupación.

2. Pregúntate a ti mismo, "¿Cuál es el problema que me está causando ansiedad?"

3. Pregunte, "¿Existe alguna solución viable para abordar esta preocupación?"

No

Sí

Deja que la preocupación desaparezca

pensar en un plan

piensa en otra cosa

¿Qué, cuándo, cómo?

Ahora

Más tarde

Hazlo

¿Decidir 'cuándo'?

Deja que la preocupación desaparezca

Deja que la preocupación desaparezca

piensa en otra cosa

piensa en otra cosa

Capítulo 3: El papel de la terapia cognitivo-conductual en la curación del trauma infantil

La terapia cognitiva conductual puede ayudar a los niños que han experimentado un trauma al identificar y desafiar los patrones de pensamiento y comportamientos negativos que pueden estar causando angustia. A través de sesiones de terapia, los niños pueden aprender habilidades de afrontamiento, técnicas de relajación y otras estrategias para controlar sus síntomas y mejorar su bienestar general. La terapia cognitivo-conductual puede ser un tratamiento eficaz para las afecciones relacionadas con el trauma, como el trastorno de estrés postraumático, la ansiedad y la depresión.

3.1. Liberar el poder de la terapia cognitivo-conductual: una guía completa

La terapia cognitiva conductual es un enfoque dinámico y basado en la evidencia que busca abordar los pensamientos, emociones y comportamientos inadaptados de frente. Es una intervención terapéutica estructurada y orientada a objetivos que ha demostrado una eficacia notable para abordar una amplia gama de trastornos de salud mental, incluido el trauma infantil.

La terapia cognitivo-conductual se centra en la intrincada interacción entre pensamientos, emociones y comportamientos, y cómo pueden influenciarse mutuamente. El quid de la cuestión es que los pensamientos y creencias negativas pueden engendrar emociones y comportamientos negativos. Al interrumpir estos patrones dañinos, la terapia cognitivo-conductual permite a las personas cultivar patrones de pensamiento positivos y desarrollar mecanismos de afrontamiento constructivos para lidiar con sus experiencias traumáticas.

Aquí hay algunos métodos de terapia cognitivo-conductual que pueden ser útiles para tratar el trauma infantil:

- ✓ **La reestructuración cognitiva** implica identificar y desafiar los pensamientos y creencias negativas que un individuo puede tener sobre sí mismo, los demás o el mundo. Con la guía del terapeuta, pueden examinar la evidencia que apoya o contradice estas creencias y desarrollar formas de pensar más positivas y realistas.
- ✓ **La terapia de exposición** es un proceso gradual que expone a un individuo a desencadenantes de ansiedad o miedo en un ambiente controlado. Este proceso ayuda al individuo a confrontar sus miedos y desarrollar nuevas estrategias de afrontamiento.
- ✓ **Las técnicas de relajación,** como la relajación muscular progresiva, la visualización y la respiración profunda son esenciales para controlar los niveles de ansiedad y estrés. Estas técnicas proporcionan a las personas las herramientas que necesitan para superar sus experiencias traumáticas y seguir adelante con sus vidas.
- ✓ **Activación conductual**: Este método implica identificar y programar actividades que el individuo disfruta y encuentra gratificantes. Este enfoque puede conducir a

un aumento de las emociones positivas y una disminución de las emociones negativas. La terapia cognitivo-conductual puede ser útil tanto para los niños como para los padres. Para los niños, la TERAPIA COGNITIVO-CONDUCTUAL puede proporcionarles herramientas y estrategias para manejar sus pensamientos y emociones relacionadas con el trauma infantil. Al aprender a identificar y desafiar los patrones negativos de pensamiento, pueden desarrollar formas más positivas de hacer frente a sus experiencias. Para los padres, la TERAPIA COGNITIVO-CONDUCTUAL puede ayudarles a comprender mejor las experiencias de sus hijos y proporcionarles herramientas y estrategias para apoyar la recuperación de su hijo. Al aprender a reconocer y abordar los patrones negativos de pensamiento y comportamiento en su hijo, pueden ayudar a su hijo a desarrollar formas más positivas de hacer frente a sus experiencias.

3.2. El poder curativo de la terapia cognitivo-conductual: Un método probado para superar el trauma infantil

La terapia cognitiva conductual, un enfoque que se centra en alterar los patrones de pensamiento y comportamientos negativos, ha demostrado ser una herramienta valiosa en el tratamiento del trauma infantil entre los jóvenes.

Aquí hay algunas herramientas y estrategias de terapia cognitivo-conductual que pueden ayudar a las personas a manejar sus creencias y sentimientos relacionados con el trauma infantil. Estas herramientas y estrategias son utilizadas por los terapeutas, pero los padres también pueden hacer un seguimiento con estas actividades.

✓ **Reestructuración cognitiva**: Un aspecto significativo de este enfoque terapéutico es el proceso de reconocer y confrontar pensamientos y convicciones pesimistas sobre uno mismo, los demás y el mundo. Por ejemplo, si un individuo cree que es "indigno" debido a su trauma infantil, un terapeuta que utiliza la reestructuración cognitiva puede alentarlo a examinar la evidencia a favor y en contra de esta creencia. Además, esta técnica puede ayudar a las personas a cultivar puntos de vista más afirmativos y pragmáticos sobre sí mismos, como "Soy merecedor de amor y respeto, y soy capaz de lograr mis objetivos".

La reestructuración cognitiva es una herramienta útil para los niños que han experimentado un trauma infantil. Aquí hay un ejemplo de cómo podría funcionar:

Digamos que un niño que ha experimentado un trauma tiene la creencia de que "nunca me pasa nada bueno". Esta creencia puede conducir a sentimientos de tristeza, desesperanza y vulnerabilidad, e incluso puede afectar el comportamiento del niño y las relaciones con los demás. Un terapeuta que utiliza la reestructuración cognitiva puede guiar al niño a través de los siguientes pasos:

Identifique la creencia negativa: El terapeuta podría pedirle al niño que hable sobre los pensamientos y sentimientos que tiene cuando piensa que "nunca me pasa nada bueno".

Desafíe la creencia negativa: El terapeuta podría ayudar al niño a explorar la evidencia a favor y en contra de esta creencia. Podrían hacer preguntas como "¿Puedes pensar en un momento en que algo bueno te sucedió?" o "¿Crees que es justo decir que nunca te pasa absolutamente nada bueno?"

Desarrolle una creencia más positiva y realista: *El terapeuta podría trabajar con el niño para desarrollar una creencia más positiva y realista que pueda usar en lugar de la negativa. Por ejemplo, podrían ayudar al niño a hacer una declaración como "A veces las cosas no salen como yo quiero, pero a veces me pasan cosas buenas".*

Practique la nueva creencia: *El terapeuta podría alentar al niño a practicar el uso de la nueva creencia en situaciones cotidianas. Por ejemplo, podrían pedirle al niño que se repita la nueva creencia cuando comience a sentirse triste o desesperanzado.*

- ✓ **Detención de** pensamientos: Esta herramienta consiste en interrumpir los pensamientos negativos o intrusivos diciendo "alto" o visualizando una señal de alto. El individuo entonces reemplaza el pensamiento negativo con uno positivo. Por ejemplo, si un individuo está experimentando pensamientos intrusivos relacionados con su trauma, puede decir "detente" y reemplazar el pensamiento con una afirmación positiva como "Estoy a salvo y en control".

Detener el pensamiento es una técnica útil para los niños que pueden estar experimentando pensamientos intrusivos o negativos relacionados con su trauma infantil. Aquí hay un ejemplo de cómo podría funcionar:

Digamos que un niño que ha experimentado un trauma tiene un pensamiento de que "no estoy a salvo" cada vez que escucha un ruido fuerte. Este pensamiento puede llevar a sentimientos de ansiedad, miedo e impotencia. Un terapeuta que detiene el pensamiento puede guiar al niño a través de los siguientes pasos:

Identifique el pensamiento negativo: *El terapeuta podría pedirle al niño que hable sobre los pensamientos y sentimientos que tiene cuando escucha un ruido fuerte.*

Introduzca la técnica de detener el pensamiento: *El terapeuta podría explicarle al niño que puede usar una técnica llamada detención del pensamiento para interrumpir el pensamiento negativo.*

Practique la técnica: *El terapeuta podría pedirle al niño que imagine escuchar un ruido fuerte y luego decir "alto" en voz alta o visualizar una señal de alto. El niño puede entonces reemplazar el pensamiento negativo con uno positivo, como "Estoy a salvo".*

Refuerce la técnica: *El terapeuta podría alentar al niño a practicar el uso de la técnica de detener el pensamiento en situaciones cotidianas. Por ejemplo, podrían pedirle al niño que use la técnica cada vez que escuche un ruido fuerte en casa o en la escuela.*

Al utilizar técnicas para detener el pensamiento, los niños pueden adquirir la capacidad de interrumpir los patrones de pensamiento negativos y reemplazarlos por otros más constructivos y optimistas. Esto puede ayudarlos a sentirse más en control y reducir los sentimientos de ansiedad, miedo e impotencia. Es importante tener en cuenta que la detención del pensamiento debe ser guiada por un terapeuta capacitado que pueda ayudar al niño a practicar la técnica en un ambiente seguro y de apoyo.

✓ **Técnicas de conexión a tierra**: Estas técnicas implican centrarse en el momento presente para manejar los sentimientos de ansiedad o disociación. Por ejemplo, un individuo puede enfocarse en su entorno, describiendo lo que ve, oye, huele y siente en el momento. También pueden usar técnicas de atención plena como la respiración profunda para ayudarlos a mantenerse presentes.

Las técnicas de conexión a tierra son útiles para los niños que pueden sentirse abrumados o disociados debido a su trauma infantil. Aquí hay un ejemplo de cómo podría funcionar:

Digamos que un niño que ha experimentado un trauma se siente abrumado y desconectado de su entorno. Un terapeuta que utiliza técnicas de conexión a tierra puede guiar al niño a través de los siguientes pasos:

Identifique el sentimiento: *El terapeuta podría pedirle al niño que describa las sensaciones que está experimentando en su cuerpo y cómo se siente emocionalmente.*

Introduzca la técnica de conexión a tierra: *El terapeuta podría explicarle al niño que puede usar una técnica llamada conexión a tierra para ayudarlo a sentirse más conectado con su entorno.*

Practique la técnica: *El terapeuta podría pedirle al niño que se concentre en sus cinco sentidos, como mirar alrededor de la habitación y describir lo que ve, escuchar los sonidos en la habitación y describir lo que escucha, o sostener un objeto y describir cómo se siente. El niño también puede concentrarse en su respiración, respirar profundamente y contar hasta cinco en cada inhalación y exhalación.*

Refuerce la técnica: El terapeuta podría alentar al niño a practicar el uso de la técnica de conexión a tierra en situaciones cotidianas. Por ejemplo, podrían pedirle al niño que use la técnica cuando comience a sentirse abrumado en la escuela o en casa.

A través de técnicas de conexión a tierra, los niños pueden aprender a conectarse con su entorno y sentirse más en control de sus pensamientos y emociones. Esto puede ayudarlos a sentirse más presentes y reducir los sentimientos de disociación o agobio. Es importante tener en cuenta que las técnicas de conexión a tierra deben ser guiadas por un terapeuta capacitado que pueda ayudar al niño a practicar la técnica en un entorno seguro y de apoyo.

✓ **Terapia de ensayo de imágenes**: esta herramienta implica el uso de técnicas de visualización para ensayar experiencias positivas o estrategias de afrontamiento. Por ejemplo, un individuo puede visualizarse a sí mismo manejando con éxito una situación desencadenante o sintiéndose seguro y empoderado.

La terapia de ensayo de imágenes es una técnica que se usa comúnmente para ayudar a los niños que han experimentado un trauma infantil a superar pesadillas o sueños perturbadores. Aquí hay un ejemplo de cómo podría funcionar:

Identifique el sueño problemático: El terapeuta podría pedirle al niño que describa la pesadilla o el sueño perturbador que ha estado experimentando. También pueden pedirle al niño que describa cómo se siente durante y después del sueño.

Cree un sueño nuevo y positivo: El terapeuta trabajará con el niño para crear un nuevo sueño que reemplace el viejo sueño *negativo. El nuevo sueño debe ser positivo, empoderado y debe ayudar al niño a sentirse seguro y en control.*

Practique el nuevo sueño: *Se alentará al niño a practicar el nuevo sueño varias veces al día, utilizando imágenes vívidas y diálogo interno positivo. El terapeuta también puede usar técnicas de relajación, como la relajación muscular progresiva o la respiración profunda para ayudar al niño a relajarse y sentirse cómodo mientras practica el nuevo sueño.*

Refuerce el nuevo sueño: *El terapeuta alentará al niño a continuar practicando el nuevo sueño, y también puede pedirle que lleve un diario de sueños para seguir su progreso. Con el tiempo, el nuevo sueño reemplazará al viejo sueño negativo, y el niño experimentará menos pesadillas o sueños perturbadores.*

A través de la terapia de ensayo de imágenes, los niños pueden aprender a reprogramar sus pensamientos y sentimientos relacionados con experiencias traumáticas y reemplazarlos con pensamientos y sentimientos positivos y empodera dores. Es importante tener en cuenta que la La terapia de ensayo de imágenes debe ser guiada por un terapeuta capacitado que pueda ayudar al niño a crear y practicar el nuevo sueño en un ambiente seguro y de apoyo.

Activación conductual: Esta herramienta implica programar y participar en actividades agradables como una forma de aumentar las emociones positivas y reducir las negativas. Por ejemplo, una persona puede programar tiempo para participar en pasatiempos, pasar tiempo con sus seres queridos o hacer ejercicio físico.

La activación conductual es una técnica que se puede utilizar para ayudar a los niños que han experimentado un trauma infantil a superar la depresión u otras emociones negativas. Aquí hay un ejemplo de cómo podría funcionar:

Identifique las actividades preferidas del niño: El terapeuta trabajará con el niño para identificar las actividades que el niño disfruta y encuentra significativas. Estos pueden incluir pasatiempos, deportes, actividades sociales u otras formas de recreación.

Programe actividades regulares: El terapeuta ayudará al niño a programar estas actividades regularmente, como una vez a la semana o cada dos días. Esto ayudará al niño a construir un sentido de estructura y rutina en su vida.

Monitorear el progreso: El terapeuta alentará al niño a seguir su progreso para completar las actividades programadas. Esto ayudará al niño a ver cómo sus esfuerzos están haciendo una diferencia positiva en su vida.

Reforzar el comportamiento positivo: El terapeuta proporcionará refuerzo positivo al niño para completar las actividades programadas, como elogios o recompensas. Esto ayudará al niño a sentirse motivado y animado a continuar con el programa de activación conductual.

A través de la activación conductual, los niños pueden aprender a participar en actividades positivas que promueven una sensación de bienestar y ayudan a reducir las emociones negativas como la depresión, la ansiedad o la impotencia. Es importante tener en cuenta que la activación conductual debe ser guiada por un

> *terapeuta capacitado que pueda ayudar al niño a programar y completar actividades en un entorno seguro y de apoyo.*

Estos son solo algunos ejemplos de las herramientas y estrategias que la terapia cognitivo-conductual puede ofrecer para manejar los pensamientos y las emociones relacionadas con el trauma infantil. Es crucial tener en cuenta que la selección de herramientas y enfoques empleados en la terapia puede diferir dependiendo de las necesidades y experiencias particulares del individuo. Además, es aconsejable realizar tales intervenciones bajo la supervisión de un terapeuta competente.

Ayudar a los niños a comprender sus pensamientos, sentimientos y acciones: usar el modelo Terapia de comportamiento cognitivo

¿Qué ocurrió o sucedió?

¿Qué estabas pensando en ese momento?

¿Cómo te hizo sentir?

¿Qué sensaciones físicas estaba experimentando?

¿Qué acciones tomó o cómo se comportó en respuesta a la situación?

3.3. El ABC de la curación: cómo el modelo ABC de la terapia cognitivo-conductual ayuda a su hijo a identificar y cambiar los patrones de pensamiento negativos

El modelo ABC de la terapia cognitivo-conductual es una herramienta poderosa para ayudar a los niños a identificar y cambiar los patrones de pensamiento negativos. Aquí hay un desglose de cómo funciona:

A - Evento activador: El evento activador es el desencadenante que desencadena una reacción en cadena de pensamientos, sentimientos y comportamientos negativos. Por ejemplo, un niño puede experimentar un evento activador cuando un compañero de clase se burla de él.

B - Creencias: Las creencias son los pensamientos negativos que surgen en respuesta al evento activador. Estos pensamientos son a menudo automáticos y pueden ser irracionales o inútiles. Por ejemplo, el niño podría creer "No valgo nada" o "A nadie le gusto".

C - Consecuencias: Las consecuencias son las reacciones emocionales y de comportamiento que se derivan de los puntos de vista. Por ejemplo, el niño puede sentirse triste, ansioso o enojado y puede retirarse de situaciones sociales o arremeter contra otros.

La terapia cognitivo-conductual ayuda a los niños a identificar y desafiar sus creencias negativas, lo que lleva a consecuencias más positivas. Estos son algunos ejemplos de cómo podría funcionar esto:

- o **Desafíe las creencias negativas**: Si un niño cree que "no valgo nada", un terapeuta podría ayudarlo a explorar la evidencia a favor y en contra de esta creencia. Podrían pedirle al niño que piense en momentos en los que se sintió orgulloso de sí mismo o cuando otros le mostraron amabilidad, ayudando a construir una visión más equilibrada y realista de sí mismo.
- o **Reemplace los pensamientos negativos**: Una vez que un niño ha identificado un patrón de pensamiento negativo, un terapeuta puede ayudarlo a generar pensamientos más positivos y útiles para reemplazarlo. Por ejemplo, en lugar de pensar: "A nadie le gusto", un niño podría aprender a replantear sus pensamientos como "A algunas personas no les gusto, pero hay muchas personas que sí lo hacen".
- o **Experimentos conductuales**: la terapia cognitivo-conductual también anima a los niños a poner a prueba sus creencias negativas en el mundo real. Por ejemplo, a un niño que cree que "no puedo hacer nada bien" se le puede pedir que pruebe una nueva actividad y vea cómo va. Si tienen éxito, puede ayudar a desafiar sus creencias negativas y generar confianza.

Mediante el uso del modelo ABC y otras técnicas de terapia cognitivo-conductual, los terapeutas pueden ayudar a los niños a superar sus patrones de pensamiento negativos y construir estrategias de afrontamiento más positivas.

3.4. Empresas

Mi ABC

La hoja de trabajo "Mi abecedario" puede ayudar a los niños al proporcionar un enfoque estructurado y organizado para identificar y comprender sus pensamientos, sentimientos y comportamientos en respuesta a una situación desencadenante. Al dividir la situación en sus diversos componentes (el evento activador, las creencias y las consecuencias), los niños pueden obtener información sobre sus propios patrones de pensamiento y cómo estos patrones pueden estar contribuyendo a sus sentimientos y comportamientos negativos. Con esta comprensión, los niños pueden trabajar para cambiar sus patrones de pensamiento negativos y desarrollar estrategias de afrontamiento más positivas.

mi abecedario

Instrucciones: El modelo ABC es una herramienta que puede ayudarlo a comprender cómo se conectan sus pensamientos, sentimientos y comportamientos. Use esta hoja de trabajo para practicar el uso del modelo ABC para identificar sus propios pensamientos, sentimientos y comportamientos en respuesta a una situación desencadenante. Complete los espacios en blanco y piense en cómo puede usar esta información para manejar sus emociones.

A = Evento activador: ¿Qué sucedió para desencadenar sus emociones?

B = Creencias: ¿Qué pensamientos o creencias tienes sobre el evento activador?

C = Consecuencias: ¿Cuáles son los sentimientos y comportamientos que resultan de sus pensamientos y creencias?

Ejemplo:

A = Evento Activador: Obtuve una mala calificación en mi examen de matemáticas.

B = Creencias: Nunca seré bueno en matemáticas. Mi maestro probablemente piensa que soy estúpido.

C = Consecuencias: Me siento triste y decepcionado de mí mismo. No quiero hacer mi tarea, y no quiero ir a la clase de matemáticas.

Ahora es tu turno:

A = Evento Activador:

_____

B = Creencias:

_____

C = Consecuencias:

_____

Reflexión: *¿Cómo te ayudó el uso del modelo ABC a comprender tus pensamientos, sentimientos y comportamientos? ¿Qué puedes hacer para desafiar los pensamientos o creencias negativas y cambiar las consecuencias? Recuerde que está bien cometer errores o tener emociones difíciles y que siempre puede pedir ayuda a un adulto de confianza o a un profesional de la salud mental si lo necesita.*

Reemplazar los pensamientos negativos

La hoja de trabajo "Reemplazar los pensamientos negativos" es una herramienta valiosa para ayudar a los niños a reconocer sus pensamientos pesimistas y sustituirlos por otros más constructivos y pragmáticos. Esta hoja de trabajo proporciona a los niños técnicas prácticas para cambiar sus patrones de pensamiento y promover el pensamiento positivo.

Reemplazo de pensamientos negativos

Instrucciones para los padres: los pensamientos negativos pueden ser difíciles de manejar para los niños y pueden afectar sus emociones y comportamiento. Esta hoja de trabajo puede ayudar a su hijo a practicar la identificación y el reemplazo de pensamientos negativos por otros más positivos y realistas. Use esta hoja de trabajo con su hijo y guíelo a través de los pasos.

Identifique el pensamiento negativo: pídale a su hijo que identifique un pensamiento negativo que haya tenido.

teniendo recientemente.

Pensamientos negativos identificados por el niño:

_____

_____

_____

_____

Desafíe el pensamiento negativo: pregúntele a su hijo si el pensamiento negativo es verdadero o útil. Pídales que piensen en evidencia que apoye o contradiga el pensamiento negativo.

Preguntas para que los padres guíen a su hijo:

- ¿Es cierto el pensamiento negativo?

- ¿Es útil?

- ¿Qué evidencia tienes para apoyar o contradecir el pensamiento negativo?

- Evidencia identificada por un niño:

_____

_____

_____

_____

Reemplace el pensamiento negativo: Ayude a su hijo a pensar en un pensamiento más positivo y realista para reemplazar el negativo.

- ¿Cuál sería un pensamiento más positivo y realista para reemplazar el negativo?

- ¿Cómo puedes replantear la situación de una manera más positiva?

- Pensamientos positivos identificados por un niño:

_____

_____

_____

_____

_____

Practique el pensamiento positivo: anime a su hijo a repetir el pensamiento positivo para sí mismo, escríbalo o visualícelo en su mente. Pregúnteles cómo los hace sentir.

- ¿Cómo puedes practicar el pensamiento positivo?

- ¿Cómo te hace sentir el pensamiento positivo?

- Práctica y sentimientos descritos por un niño:

_____

_____

_____

_____

_____

_____

Reflexión: *Hable con su hijo sobre cómo reemplazar los pensamientos negativos por otros positivos puede ayudarlo a sentirse mejor y manejar sus emociones. Anímelos a continuar usando esta hoja de trabajo para identificar y reemplazar los pensamientos negativos. Recuerde ofrecer apoyo y ayudar a su hijo a buscar ayuda profesional si es necesario.*

Capítulo 4: Cómo ayudar a su hijo a desafiar los pensamientos y creencias negativas

La terapia cognitivo-conductual es un enfoque basado en la evidencia que ayuda a las personas a enfrentar patrones de pensamiento y creencias negativas que pueden estar obstaculizando su bienestar emocional o causando comportamientos negativos. El objetivo de la terapia cognitivo-conductual es equipar a las personas con las habilidades y herramientas necesarias para desafiar y reemplazar los pensamientos negativos por otros positivos y realistas, ayudándoles en última instancia a llevar una vida más satisfactoria.

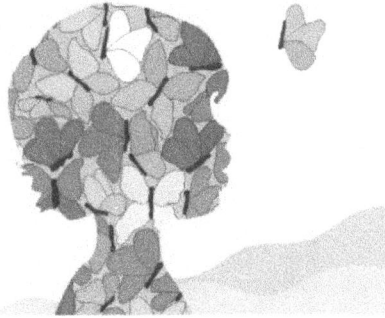

4.1. Descubrir las raíces de los pensamientos y creencias negativas en su hijo

Descubrir las raíces de los pensamientos y creencias negativas en su hijo es un paso esencial para ayudarlo a desafiarlos y superarlos.

Aquí hay algunos puntos para ayudar a explicar cómo los padres pueden descubrir las raíces de los pensamientos y creencias negativas en sus hijos:

o *Preste atención al comportamiento de su hijo: Los pensamientos y creencias negativos pueden manifestarse en el comportamiento de un niño. Si su hijo está frecuentemente* molesto o ansioso, puede ser una indicación de pensamientos o creencias negativas subyacentes.

o **Escuche** a su hijo: Anime a su hijo a expresar sus pensamientos y sentimientos. Escucha atenta y empáticamente sin juicio, crítica o interrupción. Haz que se sientan cómodos y seguros.

o **Observe su estilo de comunicación: Observe** cómo su hijo se comunica con los demás, incluido el tono de voz y el lenguaje corporal. Esto puede ser una indicación de cómo se sienten acerca de sí mismos y sus creencias.

o **Busque patrones:** Los pensamientos y creencias negativas pueden desarrollarse a partir de eventos o situaciones específicas. Observe el comportamiento y los pensamientos de su hijo en diferentes escenarios para identificar cualquier patrón o desencadenante.

o **Identifique cualquier experiencia traumática pasada:** El trauma infantil puede conducir a pensamientos y creencias negativas. Si su hijo ha experimentado algún evento traumático, puede estar afectando sus pensamientos y creencias. Busque ayuda profesional si es necesario.

o **Considere la dinámica familiar**: Los pensamientos y creencias negativas también pueden provenir de la dinámica familiar. Si hay conflictos o problemas dentro de la familia, pueden afectar la autoestima y las creencias de un niño sobre sí mismo.

4.2. Sopesar la evidencia: desafiar los pensamientos y creencias negativas con hechos

Sopesar la evidencia implica examinar pensamientos y creencias negativas y desafiarlos con evidencia objetiva. El proceso transformador de la terapia cognitivo-conductual puede empoderar a los niños para desarrollar una perspectiva más optimista y afirmativa sobre sí mismos y su entorno. Aquí hay algunos ejemplos de cómo los padres pueden ayudar a sus hijos a desafiar los pensamientos y creencias negativas con hechos:

Pensamiento negativo: "*Soy un fracaso porque no obtuve una A en mi prueba*".

Desafiar con los hechos: Anime a su hijo a mirar la evidencia objetivamente. ¿Estudiaron mucho para el examen? ¿Hicieron lo mejor que pudieron? Si pueden responder sí a estas preguntas, entonces obtener una B o una C no los convierte en un fracaso.

Pensamiento negativo: "*A nadie le gusto*".

Desafiar con los hechos: Pídale a su hijo que identifique a las personas en su vida que le han mostrado amabilidad o amistad. Anímelos a pensar en las interacciones positivas que han tenido con los demás y recuérdeles que una experiencia negativa no define su valor o simpatía.

Pensamiento negativo: "*Nunca voy a ser bueno en nada*".

Desafiar con hechos: Ayude a su hijo a identificar las áreas en las que ha mostrado mejoría o éxito en el pasado. Anímelos a establecer pequeñas metas alcanzables y trabajar para alcanzarlas. Esto les ayudará a desarrollar confianza y reconocer sus habilidades.

Al desafiar los pensamientos y creencias negativas con hechos, los niños pueden comenzar a ver las situaciones y a sí mismos bajo una luz más positiva.

4.3. Empoderar a su hijo: técnicas para reemplazar los pensamientos negativos por pensamientos positivos

Un paso crucial para ayudar a los niños a superar las creencias negativas que pueden haber resultado del trauma infantil es empoderarlos para reemplazar los pensamientos negativos con los positivos. Aquí hay algunas técnicas que los padres pueden usar para ayudar a su hijo:

o *Afirmaciones positivas: Anime a su hijo a crear una lista de declaraciones positivas sobre sí mismo, como "Soy fuerte" o "Soy capaz". Estas afirmaciones se pueden repetir diariamente para reforzar las creencias positivas.*

o *Práctica de gratitud: Ayude a su hijo a enfocarse en los aspectos positivos de su vida practicando la gratitud. Anímelos a hacer una lista de las cosas por las que están agradecidos cada día, como un buen amigo o una actividad divertida en la que participaron.*

o *Visualización: Anime a su hijo a visualizar resultados positivos a situaciones que previamente han desencadenado pensamientos negativos. Por ejemplo, si su hijo se pone ansioso antes de una prueba, pídale que se visualice sintiéndose tranquilo y confiado durante la prueba.*

o *Reestructuración cognitiva: Ayude a su hijo a replantear los pensamientos negativos alentándolo a buscar evidencia que contradiga sus creencias negativas. Por ejemplo, si creen que son "estúpidos", pídales que enumeren ejemplos de veces que han tenido éxito académico o en otras áreas.*

> o ***Juego de roles***: *Practique situaciones con su hijo en las que pueda reemplazar los pensamientos negativos por positivos. Por ejemplo, si su hijo se pone nervioso antes de una presentación, pídale que practique pensamientos positivos, como "Estoy bien preparado" o "Soy un buen orador".*

Al practicar estas técnicas regularmente, los padres pueden ayudar a sus hijos a reemplazar los pensamientos negativos por los positivos; desarrollar su autoestima y ayudarlos a superar las creencias negativas que pueden haberse desarrollado debido al trauma infantil.

4.4. Empresas

Evidencia a favor y en contra

La hoja de trabajo "Evidencia a favor y en contra" es una herramienta poderosa que empodera a los niños para desafiar y superar sus pensamientos y creencias negativas. Con una forma estructurada de evaluar sus pensamientos, los niños pueden identificar objetivamente la evidencia que apoya o socava sus creencias negativas. Al hacerlo, pueden reemplazarlos por otros positivos y precisos, desarrollando una mentalidad resistente que pueda soportar los efectos del trauma infantil. Esta hoja de trabajo permite a los niños tomar el control de sus pensamientos y emociones, ayudándoles a convertirse en individuos más fuertes y seguros de sí mismos.

Evidencia a favor y en contra

Instrucciones para los padres: Los pensamientos y creencias negativos pueden ser difíciles de manejar para los niños y pueden afectar sus emociones y comportamiento. Esta hoja de trabajo puede ayudar a su hijo a practicar la identificación de evidencia a favor y en contra de los pensamientos y creencias negativos que pueda tener sobre sí mismo, los demás o el mundo. Use esta hoja de trabajo con su hijo y guíelo a través de los pasos.

Identifique el pensamiento o creencia negativa: pídale a su hijo que identifique un pensamiento o creencia negativa que pueda tener sobre sí mismo, los demás o el mundo.

Pensamiento/creencia negativa identificado por un niño:

_____

_____

_____

Enumere la evidencia del pensamiento/creencia negativa: pídale a su hijo que piense en la evidencia de que apoya el pensamiento o creencia negativa.

Preguntas para que los padres guíen a su hijo:

- ¿Qué evidencia tiene para apoyar el pensamiento o creencia negativa?

- ¿Ha experimentado situaciones que confirman pensamientos o creencias negativas?

- Evidencia del pensamiento/creencia negativa identificado por el niño:

_____

_____

_____

Haga una lista de las pruebas contra el pensamiento o la creencia negativos: pídale a su hijo que piense en pruebas que contradigan el pensamiento o la creencia negativos.

Preguntas para que los padres guíen a su hijo:

- ¿Existe evidencia que contradiga el pensamiento o creencia negativa?

- ¿Ha experimentado situaciones que contradicen el pensamiento o creencia negativa?

- Evidencia contra el pensamiento/creencia negativa identificado por un niño:

_____

_____

_____

Evalúe la evidencia: pídale a su hijo que evalúe la evidencia a favor y en contra del pensamiento o creencia negativa.

Preguntas para que los padres guíen a su hijo:

- ¿Qué evidencia es más fuerte?

- ¿La evidencia apoya o contradice el pensamiento o creencia negativa?

- Evaluación de la evidencia por un niño:

_____

_____

_____

Reemplace el pensamiento/creencia negativo: Ayude a su hijo a pensar en un pensamiento o creencia más positivo y realista para reemplazar el negativo.

Preguntas para que los padres guíen a su hijo:

- ¿Cuál sería un pensamiento o creencia más positivo y realista para reemplazar el negativo?

- ¿Cómo puedes replantear la situación de una manera más positiva?

- Pensamiento/creencia positiva identificado por un niño:

_____

_____

_____

Practique el pensamiento/creencia positivo: anime a su hijo a repetir el pensamiento/creencia positivo para sí mismo, escríbalo o visualícelo en su mente. Pregúnteles cómo los hace sentir.

Preguntas para que los padres guíen a su hijo:

- ¿Cómo se puede practicar el pensamiento/creencia positiva?

- ¿Cómo te hace sentir el pensamiento/creencia positiva?

- Práctica y sentimientos descritos por el niño:

_____

_____

_____

Reflexión: Empodere a su hijo discutiendo cómo identificar evidencia a favor y en contra de los pensamientos negativos puede ayudarlo a ver las situaciones de manera más objetiva. Anímelos a continuar usando esta hoja de trabajo para desafiar los pensamientos y creencias negativos. Recuerde ofrecer su apoyo inquebrantable y ayudar a su hijo a buscar asistencia profesional si es necesario.

Afirmaciones positivas

La hoja de trabajo "Afirmaciones positivas" puede ayudar a los niños a crear declaraciones que desafíen sus pensamientos y creencias negativas. Al reemplazar el diálogo interno negativo con afirmaciones positivas, los niños pueden mejorar su autoestima y confianza. Esta hoja de trabajo alienta a los niños a reflexionar sobre sus cualidades positivas y crear declaraciones que las reflejen. Ejemplos de afirmaciones positivas pueden incluir "Soy capaz", "Soy fuerte" o "Soy digno de amor y respeto". Al repetir estas afirmaciones positivas, los niños pueden reemplazar los pensamientos negativos por otros positivos y sentirse más empoderados y seguros de sí mismos.

afirmaciones positivas

Instrucciones: En el espacio proporcionado, escriba afirmaciones positivas que desafíen los pensamientos y creencias negativas que pueda tener sobre usted mismo. Trate de hacer que estas afirmaciones sean específicas y significativas para usted.

1. _____

2. _____

3. _____

4. _____

5. _____

6. _____

7. _____

8. _____

9. _____

10. _____

Ayudemos a tus hijos a conectar sus pensamientos, sentimientos y acciones a través de esta actividad.

Bono: *Elija una o dos afirmaciones de su lista y repítalas a sí mismo cada día durante una semana. Observe cómo se siente y cualquier cambio en sus pensamientos o comportamientos.*

MAPEO DE SUS PENSAMIENTOS, SENTIMIENTOS Y ACCIONES

Pasos:

Identifique los factores desencadenantes que provocan una determinada reacción en usted.

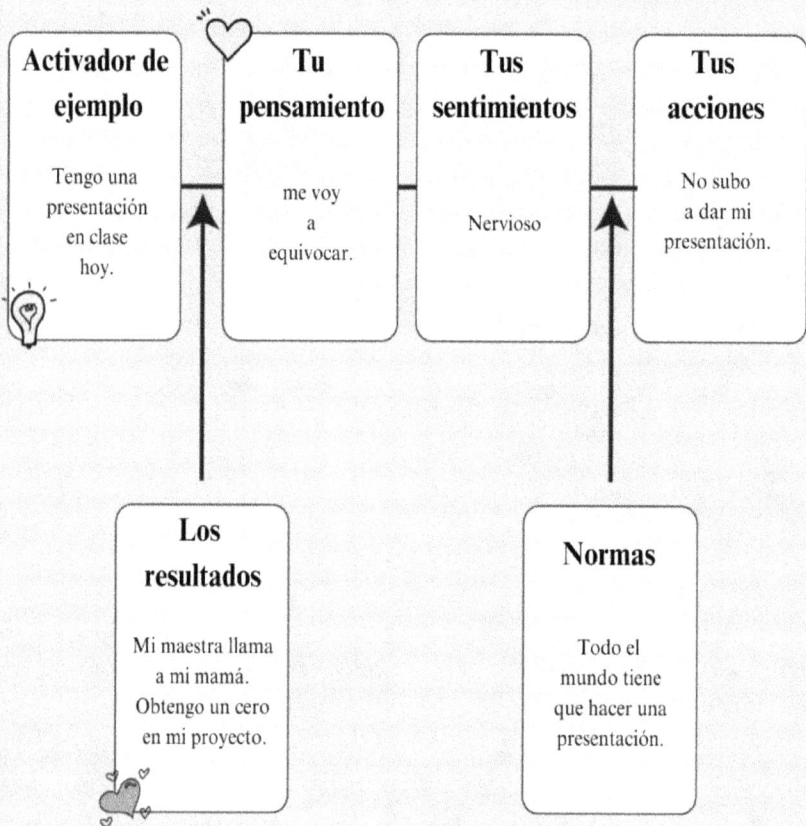

Activador de ejemplo	Tu pensamiento	Tus sentimientos	Tus acciones
Tengo una presentación en clase hoy.	me voy a equivocar.	Nervioso	No subo a dar mi presentación.

Los resultados

Mi maestra llama a mi mamá. Obtengo un cero en mi proyecto.

Normas

Todo el mundo tiene que hacer una presentación.

Capítulo 5: Apoyar las estrategias de afrontamiento de su hijo para controlar los síntomas del trauma

Apoyar las estrategias de afrontamiento de su hijo para controlar los síntomas del trauma implica proporcionar un ambiente seguro y enriquecedor, ayudar a su hijo a identificar y expresar sus sentimientos, enseñarle técnicas de relajación y fomentar mecanismos de afrontamiento saludables como el ejercicio y las salidas creativas. Colaborar con el proveedor de atención médica de su hijo para crear un plan de tratamiento personalizado que satisfaga sus necesidades específicas es crucial.

5.1. Ejercicios de respiración

Los ejercicios de respiración pueden ser una herramienta eficaz para ayudar a su hijo a sobrellevar los síntomas del trauma. Estos ejercicios pueden ayudar a su hijo a regular sus emociones, disminuir su ansiedad y controlar sus niveles de estrés. Algunos ejemplos de técnicas de respiración fácil son la respiración profunda, la respiración abdominal y la respiración de caja.

La respiración profunda implica inhalar por la nariz, llenar los pulmones con aire y exhalar lentamente por la boca para vaciar completamente los pulmones.

La respiración abdominal consiste en colocar una mano en el pecho y la otra en el vientre, inhalar profundamente por la nariz mientras se siente que el vientre se eleva, y luego exhalar lentamente por la boca mientras se siente caer el vientre.

Respiración de caja donde los individuos inhalan lentamente durante cuatro conteos, contienen la respiración durante cuatro conteos, exhalan lentamente durante cuatro conteos y contienen la respiración durante cuatro conteos antes de comenzar el ciclo nuevamente.

Puede motivar a su hijo a practicar estos ejercicios de respiración en un ambiente pacífico y tranquilo en casa e incorporarlos a su rutina diaria. También puede sugerirles que utilicen estos ejercicios cuando se sientan abrumados o ansiosos o antes de participar en actividades que puedan desencadenar sus síntomas de trauma. Al enseñarle a su hijo estas estrategias de afrontamiento y brindarle los recursos para manejar sus síntomas de trauma, puede ayudarlo a sentirse más en control de sus emociones y mejorar su bienestar general.

5.2. Prácticas de mindfulness

Las prácticas de atención plena pueden ser un enfoque útil para apoyar a los niños que enfrentan los síntomas del trauma. Practicar la atención plena implica estar completamente presente en el momento sin ningún juicio o distracciones, lo que puede ayudar a los niños a aumentar su autoconciencia y regular sus pensamientos y emociones de manera efectiva, evitando que se sientan abrumados.

Se pueden emplear varias técnicas para fomentar la atención plena en los niños, incluidos los escáneres corporales, la respiración consciente, el movimiento consciente, la alimentación consciente, la meditación guiada y la terapia artística. Una exploración corporal implica enfocarse en cada parte del cuerpo para identificar cualquier sensación física o tensión, lo que ayuda a liberar el estrés y promover la relajación. La respiración consciente se trata de tomar respiraciones lentas y profundas, centrándose en la sensación de respiración para calmar el sistema nervioso y reducir la ansiedad.

El movimiento consciente, como el yoga o el tai chi, es una forma suave de ejercicio que alienta a los niños a ser más conscientes de su cuerpo y liberar la tensión. Participar en la alimentación consciente requiere que un individuo se concentre en el momento presente, incluidos los detalles sensoriales de los alimentos que se consumen, como su sabor, textura y aroma. Esta práctica tiene el potencial de inducir una sensación de tranquilidad y facilidad.

La meditación guiada requiere escuchar a un guía que aliente a los niños a concentrarse en su respiración, sensaciones corporales o visualizaciones. Esto puede ayudarlos a sentirse más relajados y concentrados. La terapia de arte es otra técnica que utiliza la expresión creativa para ayudar a los niños a expresar sus pensamientos y emociones en un ambiente seguro y sin prejuicios. El arte también se puede utilizar como una práctica de atención plena, donde los niños pueden centrarse en el momento presente y participar en la creación de arte, lo que puede ayudar a reducir la ansiedad y mejorar el estado de ánimo.

Los padres pueden apoyar la práctica de atención plena de sus hijos alentándolos a practicar estas técnicas regularmente y creando un espacio seguro y cómodo para que lo hagan. Los padres también pueden participar en la práctica con su hijo para modelar el comportamiento y enfatizar la importancia del cuidado personal.

5.3. Técnicas de puesta a tierra

Las técnicas de conexión a tierra pueden ser una estrategia de afrontamiento útil para los niños que han experimentado un trauma. Estas técnicas pueden ayudar a los niños a sentirse más presentes en el momento y reducir la gravedad de sus síntomas de trauma. Aquí hay algunos métodos de técnicas de conexión a tierra que pueden apoyar las estrategias de afrontamiento de su hijo para controlar los síntomas del trauma:

Conexión a tierra de los cinco sentidos: Pídale a su hijo que se concentre en cada uno de sus sentidos (vista, oído, tacto, olfato, gusto) y nombre cinco cosas que note para cada sentido. Esto les ayuda a estar presentes en el momento y enfocados en el presente.

Conexión a tierra de la respiración: Pídale a su hijo que respire profundamente y se concentre en su respiración mientras inhala y exhala. También puede pedirles que cuenten sus respiraciones mientras las toman.

Relajación muscular progresiva: *puede ayudar a su hijo a relajarse y estar más presente en el momento guiándolo a través de la tensión y la liberación de cada grupo muscular en su cuerpo, comenzando desde los dedos de los pies y subiendo hasta la cabeza.*

Caminar conscientemente: *Anime a su hijo a dar un paseo lento y consciente y concentrarse en las sensaciones físicas de caminar, como la sensación de que sus pies tocan el suelo.*

Diálogo interno positivo: *Alentar a su hijo a participar en un diálogo interno positivo puede ser útil para manejar sus emociones durante los momentos difíciles. Usted puede ayudar a su hijo a crear afirmaciones positivas que puedan repetirse a sí mismos cuando se sientan estresados o ansiosos. Ejemplos de afirmaciones incluyen frases como "Estoy a salvo", "Soy fuerte" o "Puedo superar esto". Al repetir estas declaraciones positivas, su hijo puede ayudar a cambiar su mentalidad y sentirse más en control de sus emociones. Es esencial crear afirmaciones que resuenen con las experiencias y sentimientos de su hijo, ya que serán más efectivas para promover una mentalidad positiva.*

Es importante tener en cuenta que las diferentes técnicas de conexión a tierra pueden funcionar mejor para diferentes niños, y puede tomar un poco de experimentación para encontrar las técnicas más efectivas para su hijo. Anime a su hijo a practicar estas técnicas regularmente, incluso cuando no estén experimentando síntomas de trauma, para ayudar a desarrollar su resiliencia y habilidades de afrontamiento.

5.4. Estrategias auto-calmantes

Las estrategias auto-calmantes son técnicas que pueden ayudar a los niños a calmarse y manejar sus emociones de una manera saludable. Aquí hay algunos ejemplos de estrategias para calmarse a sí mismas que pueden ser útiles para los niños que han experimentado un trauma:

Visualización: Anime a su hijo a imaginar una escena pacífica o un recuerdo feliz. Esto puede ayudarlos a sentir emociones más positivas y reducir el estrés.

Actividades sensoriales: Proporcione a su hijo artículos que tengan una calidad sensorial relajante, como una manta suave o una pelota de estrés. Estos artículos pueden ayudar a su hijo a sentirse más conectado a tierra y seguro.

Colorear o dibujar conscientemente: Proporcione a su hijo papel y materiales para colorear o dibujar y anímelo a concentrarse en el momento presente mientras crea. Esto puede ayudarlos a sentirse más tranquilos y más centrados.

Encontrar las estrategias auto-calmantes más efectivas para su hijo requiere atención individualizada y experimentación. Además, es importante proporcionar oportunidades para que su hijo practique estas estrategias regularmente, incluso cuando no se sientan particularmente estresados o abrumados para que se conviertan en una parte natural de su caja de herramientas de habilidades de afrontamiento.

5.5. Empresas

Mis técnicas de conexión a tierra

La hoja de trabajo "Mis técnicas de conexión a tierra" ayuda a los niños a identificar y practicar varias técnicas que pueden ayudarlos a sentirse tranquilos y presentes. Esta hoja de trabajo es crucial, ya que ayuda a los niños a controlar sus síntomas de trauma y proporciona una sensación de control sobre sus emociones. Permite a los niños explorar diferentes técnicas de conexión a tierra que funcionan mejor para ellos y crear un conjunto de herramientas personalizado para hacer frente a los desencadenantes del trauma. En general, esta hoja de trabajo promueve la autoconciencia y la autorregulación en los niños, lo que lleva a un mejor bienestar emocional.

Mis técnicas de puesta a tierra

Instrucciones: Las técnicas de puesta a tierra pueden ayudarlo a sentirse más presente y tranquilo cuando se siente abrumado o ansioso. Esta hoja de trabajo está diseñada para ayudarlo a identificar y practicar diferentes técnicas de puesta a tierra que funcionen para usted. Complete los espacios en blanco y practique cada técnica hasta que encuentre la que funcione mejor para usted.

Nombra tres cosas que puedes ver a tu alrededor:

_____

_____

_____

Nombra tres cosas que puedes escuchar a tu alrededor:

_____

_____

_____

Nombra tres cosas que puedes tocar a tu alrededor:

_____

_____

_____

Tome diez respiraciones profundas; contando hasta 5 al inhalar y cinco al exhalar:

_____

_____

_____

Use un objeto de conexión a tierra, como una pelota antiestrés o un juguete, y concéntrese en su textura y cómo se siente en sus manos:

_____

_____

_____

_____

Sal a caminar y concéntrate en tu entorno, como la sensación de tus pies en el suelo o los sonidos de la naturaleza; apúntelo:

_____

_____

_____

_____

Use un diálogo interno positivo para recordarse a sí mismo que está seguro y es capaz de manejar sus emociones. Ahora escribe tres líneas positivas:

_____

_____

_____

_____

Dibuja o colorea una imagen que te haga sentir feliz o tranquilo

Envuélvete en una manta acogedora o abraza a un animal de peluche; describe tus sentimientos:

_____

_____

_____

Escuche música o sonidos relajantes, como sonidos de la naturaleza o ruido blanco.
Describe cómo se siente:

_____

_____

_____

Consejos:

Tome un baño o una ducha tibios y use jabón perfumado o bombas de baño.

Use aromaterapia, como aceites esenciales o una vela perfumada.

Tome un refrigerio o bebida favorita, como chocolate caliente o palomitas de maiz.

escribir en un diario

Hacer dibujos es una forma útil de hacer frente a situaciones difíciles o inesperadas que pueden desencadenar diversas emociones. Hoy, puedes usar esta técnica para expresar y procesar tus sentimientos actuales creando una imagen que los represente.

FECHA: _____

_____

_____

_____

_____

_____

_____

_____

_____

_____

_____

Instrucciones: tira los dados y realiza las actividades en consecuencia.

⚀	**Afirmación**	"Estoy seguro"	"Soy valiente"	"Puedo manejar esta situación"
⚁	**Apoyo**	Identifique a alguien en la escuela que. le brinda apoyo.	Nombra a un amigo que te brinde apoyo.	Identifique a alguien en su casa que le brinde apoyo.
⚂	**Moviente**	Haz flexiones de pared.	Haz saltos de tijera.	Baila con tu música favorita.
⚃	**Respiración**	Coloque su mano sobre su corazón.	Haz la técnica de la mariposa.razón.	Soplar burbujas.
⚄	**Extensión**	Haz la pose de la cometa. Haz la pose de la silla.	Lleva tus manos a tu corazón. Haz la pose de la rana.	Haz la pose del triangulo. Haz la pose del guerrero.
⚅	**Toma de tierra**	Identifica tres cosas que puedas oír y dos cosas que puedas oler.	Identifique tres cosas verdes, dos cosas azules y una cosa roja en la habitación.	Abrácese con un abrazo y diga el día actual, la fecha y su ubicación.

La meditación es buena para ti.

Comience configurando un
temporizador durante 10
minutos.
Siéntate en una posición
cómoda y cierra los ojos.
Lleva tu atención a tu
respiración.
Inhala lentamente por la
nariz y concéntrate en el
sonido de tu respiración.
Exhala por la nariz. Si su
mente divaga, redirija
suavemente su atención de
nuevo a su respiración.
Cuando suene el
temporizador, abre
lentamente los ojos.
Escribe un diario para
registrar tu experiencia de
meditación y cómo te hace
sentir. Puede ser difícil al
principio, ¡pero no te
rindas! Con una práctica
constante, podrás meditar
como Yoda en poco
tiempo.

¡Colorea a Yoda!

Reflexión: *Practica cada técnica de conexión a tierra y presta atención a cómo te hace sentir. ¿Qué técnicas funcionan mejor para usted? Haga una lista de sus técnicas de conexión a tierra favoritas y guárdelas con usted cuando las necesite. Recuerde que las técnicas de conexión a tierra son una herramienta para ayudarlo a manejar sus emociones, y está bien pedir ayuda a un adulto de confianza o a un profesional de salud mental si la necesita.*

Capítulo 6: Apoyar a su hijo para superar el miedo y la evitación

Apoyar a su hijo para superar el miedo y la evitación implica proporcionar un entorno seguro y de apoyo para que exprese sus miedos y ansiedades. Anime a su hijo a enfrentar sus miedos de una manera gradual y de apoyo en lugar de evitarlos por completo. Ayúdelos a adquirir técnicas de afrontamiento como la respiración abdominal, la conciencia del momento presente y el auto diálogo optimista. También es esencial buscar ayuda profesional si el miedo y la evitación de su hijo están interfiriendo con su vida diaria o causando angustia significativa.

6.1. Comprender los comportamientos de evitación en los niños

Los comportamientos de evitación en los niños son comunes, particularmente cuando experimentan miedo o ansiedad. Estos son algunos ejemplos de conductas de evitación que los niños pueden mostrar:

o *Negativa a asistir a una escuela o eventos sociales:* Un niño puede evitar ir a la escuela o eventos sociales porque temen estar en situaciones desconocidas o interactuar con otros.

o *Evitar actividades o tareas específicas*: Los niños pueden evitar ciertas actividades o tareas que perciben como *desafiantes o difíciles, como hablar en público o participar en deportes.*

o **Buscar repetidamente tranquilidad**: *Un niño puede buscar la tranquilidad de los padres o cuidadores repetidamente para reducir su ansiedad, como preguntar si una puerta está cerrada varias veces.*

o **Síntomas físicos**: *Algunos niños pueden mostrar síntomas físicos como dolores de cabeza, dolores de estómago o sentirse enfermos como una forma de evitar ciertas situaciones o tareas.*

o **Procrastinación**: *Los niños pueden postergar o retrasar el inicio de una tarea o proyecto que les causa ansiedad, como estudiar para un examen o completar un proyecto escolar.*

Es importante entender que los comportamientos de evitación pueden empeorar la ansiedad y limitar la capacidad de un niño para participar en actividades que son importantes para su crecimiento y desarrollo. Los padres y cuidadores pueden ayudar a los niños a superar los comportamientos de evitación brindándoles apoyo y enseñándoles habilidades de afrontamiento para manejar sus miedos y ansiedades.

6.2. Exposición gradual a situaciones temidas

La exposición gradual es una técnica conductual común utilizada para ayudar a los niños a superar sus miedos y conductas de evitación. Implica exponer gradualmente al niño a la situación u objeto temido en un ambiente controlado y de apoyo, lo que permite que el niño se sienta gradualmente más cómodo y menos ansioso.

El proceso generalmente implica varios pasos, comenzando con la exposición a estímulos menos amenazantes y progresando a situaciones más desafiantes con el tiempo. Por ejemplo, un niño que le teme a los perros puede comenzar mirando fotos de perros, luego ver videos de perros, seguido de interactuar con un perro tranquilo y amigable con una correa, y eventualmente estar cerca de un perro desatado.

La clave para una exposición gradual exitosa es proceder al ritmo del niño, permitiéndole controlar la intensidad de la exposición y tomar descansos según sea necesario. También es importante proporcionar refuerzo positivo y aliento a lo largo del camino, reconociendo los esfuerzos y el progreso del niño.

A través de la exposición repetida a la situación u objeto temido, los comportamientos de ansiedad y evitación del niño pueden disminuir gradualmente, lo que les permite sentirse más seguros y en control. La exposición gradual puede ser una técnica altamente efectiva para ayudar a los niños a superar sus miedos y recuperar su capacidad de participar en actividades y experiencias que disfrutan.

6.3. Practicar técnicas de relajación durante la exposición

El uso de técnicas de relajación junto con la terapia de exposición puede ser un método valioso para ayudar a los niños a superar el miedo y la evitación. Cuando un niño se encuentra con una situación que desencadena miedo, puede conducir a una respuesta de estrés en el cuerpo, causando sentimientos de ansiedad y tensión. Sin embargo, los padres pueden enseñar técnicas de relajación a sus hijos para ayudarles a manejar estas emociones y lidiar con la situación de una manera más tranquila y controlada.

Las técnicas de relajación que son efectivas durante la terapia de exposición incluyen respiración profunda, relajación muscular progresiva y visualización. La respiración profunda implica inhalar profundamente por la nariz y exhalar lentamente por la boca, centrándose en cada respiración para promover la relajación. La relajación muscular progresiva es una técnica que consiste en tensar y relajar secuencialmente varios grupos musculares, como las extremidades, con el fin de aliviar la tensión y fomentar la calma. La visualización implica visualizar una escena pacífica y tranquila, como una playa o un bosque, para disminuir la ansiedad y promover la relajación.

Al practicar estas técnicas de relajación durante la terapia de exposición, los niños pueden aprender a manejar su ansiedad y desarrollar confianza en su capacidad para manejar situaciones difíciles. Eventualmente, estas técnicas pueden convertirse en una parte integral de sus estrategias de afrontamiento, lo que les permite navegar situaciones estresantes con mayor facilidad y resiliencia.

6.4. Empresas

Pasos valientes: Enfrentando tus miedos con terapia cognitivo-conductual

La hoja de trabajo "Pasos valientes: Enfrentando sus miedos con terapia cognitivo-conductual" es una herramienta importante para los niños que están luchando con miedos y ansiedades. Proporciona un enfoque estructurado para identificar y comprender sus miedos, desafiar los pensamientos negativos, establecer metas y acciones, y reforzar los comportamientos positivos. Al usar esta hoja de trabajo, los niños pueden desarrollar las habilidades y la confianza para enfrentar sus miedos y mejorar su salud mental y bienestar.

Pasos Valientes: Enfrentando sus Miedos con Terapia de comportamiento cognitivo

Instrucciones:

Piensa en un miedo que has estado evitando. Puede ser cualquier cosa, desde el miedo a las arañas hasta el miedo a hablar frente a los demás.

Escribe tu miedo a continuación:

Miedo:_____

_____

Ahora, dividamos su miedo en partes más pequeñas. Escriba las situaciones específicas o

Desencadenantes que te hacen sentir miedo:

Situación/Desencadenante 1: _____

Situación/Desencadenante 2: _____

Situación/Desencadenante 3: _____

A continuación, identifiquemos los pensamientos y sentimientos que tienes cuando enfrentas tu miedo. escríbelos
abajo:

Pensamientos: _____

Sentimientos: _____

Ahora, desafiemos esos pensamientos. ¿Se basan en hechos o suposiciones? Escriba evidencia que respalde o refute sus pensamientos:

Evidencia para: _____

Evidencia en contra: _____

Después de ver la evidencia, ¿cuál es un pensamiento más equilibrado que puedes tener sobre la situación? Escríbelo a continuación:

Pensamiento equilibrado: _____

Finalmente, hagamos un plan para enfrentar su miedo. Escriba un objetivo específico por el que pueda trabajar y un plan para lograrlo:

Meta: _____

Plan: _____

Recuerde tomar las cosas paso a paso y ser amable consigo mismo durante todo el proceso. Enfrentar sus miedos puede ser un desafío, pero con la Terapia de comportamiento cognitivo, puede aprender a controlar su ansiedad y superar los comportamientos de evitación.

Superar los pensamientos angustiosos

Si se encuentra luchando con un pensamiento molesto, hay algunas preguntas que puede hacer para determinar si es cierto o no. Anota tu pensamiento angustioso en la nube grande de abajo y luego explora las nubes más pequeñas en busca de preguntas que hacerte.

¿Hay una perspectiva alternativa a considerar?

¿Este pensamiento se basa en hechos o suposiciones?

¿Cómo me está sirviendo este pensamiento?

Desafía esos pensamientos negativos y toma el control de tu mente.

_____

_____

_____

¿Puedo reformular este pensamiento con una perspectiva positiva?

¿Cómo percibiria otra persona este pensamiento?

¿Qué orientación ofrecería a un amigo en esta situación?

Enfrentando mis miedos

La hoja de trabajo "Enfrentando mis miedos" ayuda a los niños a identificar sus miedos y crear una jerarquía de miedo basada en el nivel de ansiedad que provoca cada miedo. La hoja de trabajo ofrece un método paso a paso para introducir gradualmente al niño a situaciones que causan ansiedad. El proceso comienza con la situación menos inductora de ansiedad y progresa hacia arriba en la jerarquía con cada exposición exitosa. Al dividir el miedo en pasos manejables y proporcionar apoyo de un adulto de confianza, esta hoja de trabajo puede ayudar a los niños a desarrollar confianza y superar sus miedos.

Enfrentando mis miedos

Instrucciones: En el espacio provisto, enumere sus miedos en orden desde el menos aterrador hasta el más aterrador. Luego, piensa en pasos específicos que puedes tomar para enfrentar gradualmente cada miedo, comenzando con el menor.
aterrador.

Jerarquía del miedo:

Pasos para enfrentar mis miedos:

Miedo #1: _____

Paso 1: _____

Paso 2: _____

Paso 3: _____

Miedo #2: _____

Paso 4: _____

Paso 5: _____

Paso 6: _____

Miedo #3: _____

Paso 7: _____

Paso 8: _____

Paso 9: _____

Continúe enumerando los pasos para cada miedo en su jerarquía.

Bono: *Elige un miedo de tu jerarquía y practica enfrentarlo esta semana con el apoyo de un adulto de confianza. Recuerde dar un paso a la vez y celebrar su progreso.*

Escalera del miedo para niños

Comience por hacer una lista de las cosas que preocupan o asustan a su hijo. Elige un miedo en el que centrarte esta semana. Cree una serie de tareas para completar durante las próximas una o dos semanas, y organice las tareas desde la menos aterradora (0) hasta la más aterradora (10).

Paso	Acción	Clasificación
Paso 6	Seien Sie der Anführer und bitten Sie eine Gruppe von Freunden, zusammen zu spielen	10
Paso 5	Pide a una amiga que juegue durante el recreo	8
Paso 4	Pide sentarte con un amigo durante el almuerzo.	7
Paso 3	Inicie una conversación con un amigo haciéndole una pregunta	5
Paso 2	Saluda a tres amigos diciendo hola	4
Paso 1	Haz contacto visual con dos de las personas menos aterradoras que te rodean.	2

86

Las técnicas de relajación

La hoja de trabajo "Las técnicas de relajación" ayuda a los niños a aprender y practicar diferentes estrategias para calmar sus mentes y cuerpos cuando enfrentan situaciones temidas. Mediante el uso de técnicas como la respiración profunda, la relajación muscular progresiva o la visualización, los niños pueden aprender a manejar la ansiedad y sentirse más en control durante la exposición. Al practicar estas técnicas regularmente, los niños pueden desarrollar un sentido de autoeficacia y reducir su dependencia de los comportamientos de evitación.

FICHA TÉCNICAS DE RELAJACIÓN

Instrucciones: En el espacio provisto, practique las siguientes técnicas de relajación para ayudarlo a sentirse tranquilo y seguro durante la exposición a situaciones temidas. Elija las técnicas que mejor le funcionen y elabore un plan para practicarlas con regularidad.

Respiración profunda

- Encuentre una posición cómoda y respire profundamente por la nariz, contando hasta cuatro.

- Contenga la respiración mientras cuenta hasta cuatro.

- Exhale lentamente por la boca, contando hasta seis.
- Repita durante varias respiraciones, concentrándose en el sonido y la sensación de su respiración.

Relajación Muscular Progresiva

- Tense un grupo de músculos, como los puños, mientras cuenta hasta 5.
- Liberar la tensión y relajar los músculos contando hasta 10.

- Pase al siguiente grupo de músculos, como los brazos, y repita.
- Continúe tensando y relajando los grupos musculares hasta que haya relajado todo el cuerpo.

Visualización

- Cierra los ojos e imagina una escena tranquila, como una playa o un bosque.

- Use sus sentidos para visualizar los detalles de la escena, como el sonido de las olas o el olor de los árboles.

- Concéntrese en las sensaciones de relajación y calma que vienen con esta visualización.

Consciencia

- Lleva tu atención al momento presente, notando las sensaciones en tu cuerpo y tu entorno.

- Utiliza tus sentidos para concentrarte en lo que ves, oyes, hueles, saboreas y sientes.
- Presta atención a cualquier pensamiento o sentimiento que surja, pero trata de dejarlo pasar sin juzgar.

Bono: *Elija una o dos técnicas de relajación de esta hoja de trabajo y practíquelas diariamente durante una semana. Observa cómo te hacen sentir y cómo pueden ayudarte a sentirte tranquilo y seguro durante la exposición a situaciones temidas.*

Terapia artística

Utilizando la expresión creativa para promover la curación emocional y el bienestar, la terapia artística es una forma de psicoterapia. La atención plena para niños es una técnica que consiste en observar el momento presente sin crítica. Cuando estas dos prácticas se fusionan, los niños pueden cultivar la autoconciencia, manejar sus emociones y mejorar su bienestar mental. Junto con las prácticas conscientes, los niños pueden colorear la imagen a continuación para lograr los resultados deseados.

Capítulo 7: Construyendo relaciones positivas con su hijo

Construir relaciones positivas con su hijo implica crear un vínculo fuerte y saludable a través de la comunicación efectiva, la escucha activa, la empatía, el respeto y el apoyo. También implica pasar tiempo de calidad juntos, participar en actividades compartidas y crear recuerdos positivos. Al realizar técnicas y actividades de terapia con sus hijos, puede construir una relación positiva con su hijo. Puede promover su bienestar emocional, aumentar su autoestima y ayudarlos a desarrollar habilidades sociales positivas y relaciones con los demás.

7.1. Vínculos rotos: cómo el trauma infantil puede dañar las relaciones en la edad adulta

El trauma infantil puede tener un profundo impacto en las relaciones adultas. El trauma puede conducir a problemas de apego, problemas de confianza y dificultad para formar y mantener relaciones saludables. Estos son algunos ejemplos de cómo el trauma infantil puede dañar las relaciones en la edad adulta:

Problemas de apego: El trauma puede hacer que los niños desarrollen problemas de apego, como la evitación o el miedo a la intimidad. Esto puede dificultarles formar relaciones cercanas y saludables como adultos.

Problemas de confianza: El trauma infantil puede hacer que las personas luchen con la confianza, lo que puede afectar su capacidad para formar y mantener relaciones. Pueden tener dificultades para confiar en los demás, o pueden ser demasiado confiados y vulnerables a la explotación.

Regulación emocional: El trauma también puede afectar la regulación emocional, lo que dificulta que las personas manejen sus emociones en las relaciones. Pueden luchar con emociones intensas, como la ira, el miedo y la tristeza, lo que puede dificultarles conectarse con los demás.

Comunicación: El trauma también puede afectar las habilidades de comunicación, lo que dificulta que las personas expresen sus necesidades y emociones de manera efectiva. Esto puede llevar a malentendidos y conflictos en las relaciones.

Modelo a seguir: Finalmente, el trauma infantil puede afectar la capacidad de las personas para ser un modelo positivo en sus relaciones. Si no tuvieron modelos positivos mientras crecían, pueden tener dificultades para modelar comportamientos saludables y pueden repetir los patrones negativos que aprendieron en la infancia.

En general, el trauma infantil puede tener un impacto duradero en las relaciones adultas, por lo que es importante que las personas busquen ayuda y apoyo para superar los efectos del trauma.

7.2. Construir relaciones positivas con su hijo

Construir relaciones positivas con su hijo implica crear un vínculo fuerte basado en la confianza, el amor y la comunicación. Algunas formas de lograr esto incluyen:

Pasar tiempo de calidad juntos: Hacer tiempo para su hijo y participar en actividades que disfruten puede ayudar a fortalecer su vínculo y construir recuerdos positivos.

Escucha activa: Prestar atención a los pensamientos, sentimientos y experiencias de su hijo puede ayudarlo a sentirse escuchado y validado, fortaleciendo su comunicación y relación.

Refuerzo positivo: Reconocer el comportamiento, los esfuerzos y los logros positivos de su hijo puede ayudar a aumentar su confianza y autoestima, creando una dinámica positiva en su relación.

Establecer límites: Establecer límites y reglas claras puede ayudar a su hijo a sentirse seguro y protegido al mismo tiempo que promueve el respeto mutuo en su relación.

Empatía y comprensión: Reconocer y responder a las emociones de su hijo con empatía y comprensión puede ayudar a generar confianza y fomentar una conexión más profunda en su relación. Por ejemplo, pasar tiempo regularmente jugando, leyendo libros o saliendo con su hijo puede crear recuerdos positivos y fortalecer su vínculo.

La escucha activa puede implicar dejar de lado las distracciones y participar plenamente en conversaciones con su hijo para comprender sus pensamientos y sentimientos. El refuerzo positivo puede ser tan simple como elogiar un trabajo bien hecho o celebrar logros juntos. Establecer límites puede implicar establecer una limitación o discutir juntos las reglas del hogar, mientras que la empatía y la comprensión se pueden demostrar validando los sentimientos de su hijo y ofreciéndole apoyo durante los momentos difíciles.

7.3. Desarrollar límites saludables

Desarrollar límites saludables es un aspecto esencial de la construcción de relaciones positivas con su hijo. Implica establecer límites y expectativas de comportamiento respetando la individualidad y el espacio personal de su hijo. Aquí hay algunas maneras de desarrollar límites saludables con su hijo:

Comuníquese: Hable con su hijo abierta y honestamente sobre sus expectativas, reglas y consecuencias. Escuche sus pensamientos y sentimientos, y trate de encontrar un compromiso que funcione para ambos.

Sea consistente: Una vez que establezca límites, sea consistente en hacerlos cumplir. Esto ayuda a su hijo a entender lo que se espera de él y refuerza la importancia de respetar los límites.

Respete su privacidad: A medida que su hijo crece, es posible que desee más privacidad. Respete su necesidad de espacio personal y enséñeles a respetar la privacidad de los demás también.

Fomente la independencia: Permita que su hijo tome decisiones apropiadas para su edad y asuma la responsabilidad de sus acciones. Esto les ayuda a desarrollar un sentido de independencia y autosuficiencia.

Sea flexible: Es importante ser firme con los límites, pero también estar dispuesto a ajustarlos según sea necesario. A medida que su hijo crezca y se desarrolle, sus necesidades y habilidades cambiarán, al igual que sus límites.

Los ejemplos de límites saludables pueden incluir establecer un límite para su hijo adolescente, hacer cumplir las consecuencias por el comportamiento irrespetuoso, respetar la necesidad de su hijo de pasar tiempo a solas y alentarlo a tomar decisiones por sí mismo dentro de un conjunto de pautas acordadas. En última instancia, desarrollar límites saludables ayuda a su hijo a sentirse seguro, respetado y amado, lo que puede conducir a una relación más fuerte y positiva.

7.4. Empresas

Mi sistema de soporte

La hoja de trabajo "Mi sistema de apoyo" ayuda a los niños a identificar a las personas que les brindan apoyo y consuelo. Al reconocer a estas personas, los niños pueden construir y fortalecer su red de apoyo social, lo que puede tener un impacto positivo en su salud mental y bienestar. Esta hoja de trabajo también puede ayudar a los niños a desarrollar relaciones positivas y mejorar sus habilidades de comunicación. Además, identificar personas de apoyo y formas de conectarse con ellas puede ayudar a los niños a sentirse menos solos y más capacitados para buscar ayuda cuando sea necesario.

Mi sistema de apoyo

Instrucciones: En el espacio proporcionado, identifique a las personas en su vida que le brindan apoyo y ayuda, y piense en cómo puede conectarse con ellos cuando necesite apoyo.

¿Quiénes son las personas que te apoyan en tu vida?

• Haga una lista de los nombres de las personas con las que se siente cómodo hablando sobre sus sentimientos y experiencias.

• Piense en los miembros de su familia, amigos, maestros, entrenadores o consejeros que han estado ahí para usted en el pasado.

_____

_____

_____

_____

¿Qué tipo de apoyo ofrecen?

• Escriba lo que cada persona de apoyo puede ofrecerle en términos de apoyo emocional, práctico o de otro tipo.

• Por ejemplo, un amigo puede ser un buen oyente, mientras que un miembro de la familia puede ofrecer consejos o ayuda con las tareas.

¿Cómo puedes conectarte con ellos?

- Piense en formas de comunicarse con las personas que lo apoyan cuando necesite ayuda o simplemente quiera hablar.

- Escriba sus números de teléfono, direcciones de correo electrónico o perfiles de redes sociales.

_____

_____

_____

_____

- Haga una lluvia de ideas sobre actividades específicas que pueden hacer juntos, como salir a caminar o ver una película.

_____

_____

_____

_____

¿Cómo puedes conectarte con ellos?

- Piense en formas de comunicarse con las personas que lo apoyan cuando necesite ayuda o simplemente quiera hablar.
- Escriba sus números de teléfono, direcciones de correo electrónico o perfiles de redes sociales.
- Haga una lluvia de ideas sobre actividades específicas que pueden hacer juntos, como salir a caminar o ver una película.
- ¿Qué otras fuentes de apoyo tienes?
- Considere otras fuentes de apoyo, como mascotas, pasatiempos o comunidades en línea.
- Escriba cómo estas fuentes de apoyo pueden ayudarlo a sentirse mejor cuando se siente deprimido.

_____

_____

_____

_____

_____

Bono: *Elija una persona de apoyo de su lista y piense en lo que puede hacer para fortalecer su conexión con ellos. Haga un plan para comunicarse con ellos y pasar tiempo juntos.*

Construyendo relaciones positivas

La hoja de trabajo "Construyendo relaciones positivas" es una herramienta importante para los padres y cuidadores que desean fortalecer su relación con sus hijos a través de la terapia cognitivo-conductual. Proporciona un enfoque estructurado para identificar patrones de comunicación, desafiar pensamientos negativos, establecer metas y acciones, y reforzar comportamientos positivos. Al usar esta hoja de trabajo, los padres y cuidadores pueden mejorar la calidad de su relación con su hijo, lo que puede tener un impacto positivo en su salud mental y bienestar.

Construir relaciones positivas
(para padres)

Instrucciones:

Tómese unos minutos para pensar en su relación con su hijo. ¿Cuáles son algunas de las cosas que aprecia de su hijo? ¿Cuáles son algunas áreas en las que le gustaría mejorar su relación? Escriba sus pensamientos a continuación:

Apreciaciones: _____

_____

Áreas para mejorar: _____

_____

_____

Ahora, centrémonos en la comunicación. La buena comunicación es la base de una relación sólida. Escriba algunas de las formas en que se comunica con su hijo:

Métodos de comunicación: _____

_____

_____

_____

A continuación, exploremos sus pensamientos y sentimientos cuando se comunica con su hijo.

Escriba sus pensamientos y sentimientos durante los siguientes escenarios: Escenario 1: Cuando su hijo no lo escucha.

Pensamientos: _____

_____

Sentimientos: _____

_____

Escenario 2: Cuando te sientes estresado o abrumado.

Pensamientos: _____

_____

Sentimientos: _____

_____

Desafiemos esos pensamientos negativos. ¿Se basan en hechos o suposiciones? Escriba evidencia que respalde o refute sus pensamientos:

Evidencia para: _____

Evidencia en contra: _____

Después de ver la evidencia, ¿cuál es un pensamiento más equilibrado que puede tener sobre la

¿situación? Escríbelo a continuación:

Pensamiento equilibrado: _____

Ahora, hagamos un plan para mejorar la comunicación con su hijo. Escriba algunas metas y acciones específicas que puede tomar:

Meta 1: _____

Acción: _____

Meta 2: _____

Acción: _____

Finalmente, hablemos de cómo reforzar comportamientos positivos en su hijo. Escriba algunas de las cualidades y comportamientos positivos de su hijo que desea fomentar:

Cualidades positivas: _____

Comportamientos positivos: _____

Escriba algunas formas específicas en las que puede reforzar los comportamientos positivos:

Maneras de reforzar comportamientos positivos: _____

_____

_____

_____

Recuerde, construir relaciones positivas requiere tiempo y esfuerzo. Mediante el uso de técnicas de CBT, puede aprender a comunicarse de manera efectiva con su hijo, desafiar los pensamientos negativos y reforzar los comportamientos positivos.

Establecer límites

La hoja de trabajo "Establecer límites" es una herramienta valiosa para ayudar a los niños a aprender a establecer y comunicar límites saludables. Esta hoja de trabajo proporciona un enfoque estructurado para que los niños identifiquen sus propios límites, practiquen expresarlos a los demás y aprendan a respetar los límites de los demás. Al trabajar a través de esta hoja de trabajo, los niños pueden obtener una mejor comprensión de sus propias necesidades y límites, así como desarrollar habilidades importantes para construir relaciones positivas con los demás. Esto puede conducir a una mayor confianza, autoestima y bienestar general.

Establecer límites

Instrucciones: En el espacio proporcionado, practique establecer y comunicar límites saludables con los demás y aprenda a respetar los límites de los demás.

Identifica tus límites

- Piense en las cosas que lo hacen sentir incómodo, irrespetado o inseguro.

- Escriba sus límites en términos específicos. Por ejemplo, "No quiero que la gente me toque sin mi permiso" o "No quiero que me insulten ni me insulten".

_____

_____

_____

Comunica tus límites

- Piense en cómo puede comunicar sus límites de manera clara y asertiva.

- Practique decir "no" o "basta" en un tono firme pero respetuoso.

Haga una lluvia de ideas sobre cómo explicar por qué tiene un límite en particular. Por ejemplo, "No me gusta que me hagan cosquillas porque me hace sentir ansioso".

_____

_____

_____

Respeta los límites de los demás

- Piense en los límites que otras personas puedan tener y cómo puede respetarlos.

- Practique escuchar a los demás y prestar atención a su lenguaje corporal y tono de voz.

- Pida permiso antes de tocar a alguien y evite hacer suposiciones sobre con qué se sentirían cómodos.

_____

_____

_____

Consecuencias por violaciones de límites

- Piense en lo que puede hacer si alguien viola sus límites y cómo puede imponer las consecuencias de manera respetuosa.

- Practica decir cosas como "Te he pedido que te detengas y si no respetas mis límites, tendré que abandonar la situación".

- Piense en qué tipo de consecuencias son apropiadas para diferentes violaciones de límites. Por ejemplo, sí alguien te insulta, puedes pedirle que se disculpe, mientras que si alguien te toca sin tu permiso, es posible que debas involucrar a un adulto.

_____

_____

_____

_____

Bono: *Piense en una situación en la que podría necesitar establecer un límite en el futuro y practique lo que podría decir para comunicar su límite de manera asertiva y respetuosa.*

Capítulo 8: Fomentar el autocuidado y la autocompasión de su hijo

Fomentar el autocuidado y la autocompasión de su hijo implica enseñarle a priorizar su propia salud física, emocional y mental. Esto puede incluir la práctica de actividades que promuevan la relajación, la auto-expresión y la atención plena. Además, implica enseñarles a ser amables y comprensivos consigo mismos, reconocer sus fortalezas y aceptar sus limitaciones. Promover el autocuidado y la autocompasión puede ser una forma efectiva de ayudar a los niños que han experimentado un trauma a desarrollar una mayor autoestima, resiliencia y regulación emocional, y a desarrollar habilidades de afrontamiento positivas.

Los padres pueden fomentar la autocompasión en sus hijos mediante el uso de la técnica de terapia cognitivo-conductual. En la terapia cognitiva, la autocompasión significa examinar los pensamientos autocríticos negativos y automáticos y desafiar esos pensamientos. Para ayudar a los niños a aceptar sus sentimientos positivos y negativos, los padres pueden comprender y validar sus experiencias y emociones y evitar desdeñar sus sentimientos. Al enseñar a los niños técnicas de terapia cognitivo-conductual, los padres pueden ayudar a sus hijos a desarrollar habilidades de autocuidado y autocompasión que pueden beneficiar su salud mental y bienestar. Además, la terapia cognitivo-conductual fomenta la gratitud y el pensamiento positivo, lo que puede mejorar el estado de ánimo y el bienestar general de un niño. Al alentar a los niños a identificar las cosas por las que están agradecidos y enfocarse en los aspectos positivos de su vida, los padres pueden ayudarlos a desarrollar una perspectiva más positiva y reducir el diálogo interno negativo.

8.1. La importancia del autocuidado y la autocompasión

El autocuidado y la autocompasión son cruciales para el bienestar general y el desarrollo de los niños. Aquí hay algunas razones por las cuales:

o *Promueve la autoestima positiva: Cuando los niños practican el autocuidado, aprenden a valorarse y respetarse a sí mismos. Esto ayuda a construir una autoimagen positiva y autoestima, lo que a su vez puede conducir a mejores resultados de salud mental.*

o *Fomenta la autoconciencia: El autocuidado y la autocompasión alientan a los niños a ser conscientes de sus propias necesidades y sentimientos. Esto les ayuda a comprender mejor sus emociones y comunicarlas de manera efectiva a los demás.*

o *Reduce el estrés y la ansiedad: Las prácticas de cuidado personal como la atención plena, la meditación o el ejercicio físico pueden ayudar a los niños a controlar el estrés y la ansiedad. Al tomarse el tiempo para el cuidado personal, los niños aprenden a priorizar su propio bienestar y desarrollar mecanismos de afrontamiento saludables.*

o *Fomenta la resiliencia: Cuando los niños practican el autocuidado y la autocompasión, desarrollan resiliencia frente a los desafíos y contratiempos. Aprenden a ser*

> *amables y pacientes consigo mismos, lo que les ayuda a recuperarse de situaciones difíciles.*

Ejemplos de prácticas de autocuidado y autocompasión para niños incluyen tomar descansos cuando se sienten abrumados, participar en actividad física o pasatiempos creativos, practicar la atención plena o la meditación, y hablar con un adulto o amigo de confianza cuando se siente estresado o ansioso. Al alentar y modelar estas prácticas, los padres pueden ayudar a sus hijos a desarrollar hábitos saludables de autocuidado y mejorar su bienestar general.

8.2. Desarrollar un plan de autocuidado con su hijo

Desarrollar un plan de autocuidado con su hijo es un paso importante para fomentar el autocuidado y la autocompasión. Implica identificar actividades y prácticas que promuevan el bienestar e incorporarlas a las rutinas diarias. Estos son algunos pasos para desarrollar un plan de cuidado personal con su hijo:

○ *Identifique las actividades de cuidado personal: Hable con su hijo sobre las actividades que lo hacen sentir feliz, tranquilo y lleno de energía. Esto podría incluir cosas como dibujar, jugar con una mascota y leer, escuchar música o dar un paseo.*

○ *Priorice las actividades: Una vez que haya identificado las actividades de cuidado personal, ayude a su hijo a priorizarlas en función de lo que sea más importante o beneficioso para su bienestar.*

○ *Programe actividades de cuidado personal: Ayude a su hijo a programar actividades de cuidado personal en su rutina diaria. Esto podría significar reservar tiempo por la mañana o por la noche o encontrar oportunidades para incorporar actividades de autocuidado durante todo el día.*

o **Cree recordatorios**: *Anime a su hijo a crear recordatorios o señales visuales para ayudarlo a recordar practicar el cuidado personal. Esto podría ser una nota adhesiva en su espejo o un recordatorio en su teléfono.*

o **Ajuste y revise según sea necesario: Consulte con su hijo regularmente** *para ver cómo está funcionando su plan de cuidado personal y ajústelo o revíselo según sea necesario.*

Ejemplos de actividades de cuidado personal para niños podrían incluir:

o Tomar un baño o una ducha
o Practicar técnicas de respiración profunda o relajación
o Hacer yoga o estiramientos
o Dibujar o colorear
o Jugar con una mascota
o Escuchar música
o Pasar tiempo en la naturaleza
o Leer un libro
o Escribir o escribir un diario
o Pasar tiempo con amigos o familiares

Al desarrollar un plan de autocuidado con su hijo, puede ayudarlo a priorizar su bienestar y desarrollar hábitos saludables para la vida.

8.3. Fomentar la autocompasión en su hijo

Fomentar la autocompasión en los niños es importante para su salud mental y bienestar. Aquí hay algunas maneras en que los padres pueden promover la autocompasión en sus hijos:

Valide sus sentimientos: Cuando su hijo está pasando por un momento difícil, es importante reconocer sus emociones y validar sus sentimientos. Ayúdelos a entender que está bien sentirse triste, enojado o ansioso a veces.

Sé amable contigo mismo: Los niños aprenden con el ejemplo, por lo que es importante que los padres modelen la autocompasión ellos mismos. Esto significa ser amable contigo mismo y no ser demasiado duro contigo mismo cuando las cosas van mal.

Fomente el diálogo interno positivo: Anime a su hijo a usar el diálogo interno positivo y a ser amable consigo mismo. Ayúdelos a replantear los pensamientos negativos en positivos.

Celebre las pequeñas victorias: Tómese el tiempo para reconocer y celebrar cualquier logro menor de su hijo, ya que mejorará su sentido de seguridad en sí mismo y autoestima.

Fomente el cuidado personal: Motive a su hijo a participar en actividades que disfrute y que le resulten relajantes, como actividades físicas, leer o pasar tiempo con amigos. Ayúdelos a dar importancia al autocuidado como un elemento crucial de su régimen diario.

Enséñele habilidades de afrontamiento: Enséñele a su hijo habilidades de afrontamiento para ayudarlo a manejar el estrés y las emociones difíciles. Estos pueden incluir respiración profunda, atención plena o diario.

Practique la empatía: Ayude a su hijo a comprender y practicar la empatía hacia los demás. Esto puede ayudarlos a desarrollar un mayor sentido de compasión por sí mismos y por los demás.

Ejemplos de promover la autocompasión en los niños incluyen alentarlos a tomar descansos cuando lo necesiten, enseñarles a celebrar sus fortalezas y ayudarlos a comprender que cometer errores es una parte normal del proceso de aprendizaje. Además, los padres pueden enseñar a los niños a ser amables consigo mismos cuando tienen dificultades y a practicar actividades de cuidado personal, como tomar un baño de burbujas o salir a caminar por la naturaleza. En última instancia, promover la autocompasión en los niños puede ayudarlos a desarrollar resiliencia, manejar el estrés y llevar vidas más felices y saludables.

8.4. Empresas

Mi plan de autocuidado

La hoja de trabajo "Mi plan de cuidado personal" es una herramienta útil para que los niños identifiquen las prácticas de autocuidado que funcionan mejor para ellos. Permite a los niños explorar sus intereses, pasatiempos y formas de manejar el estrés o las emociones negativas. Al crear un plan de autocuidado, los niños pueden desarrollar una rutina que promueva el bienestar, la resiliencia y la autocompasión. La hoja de trabajo también ayuda a los niños a tomar posesión de su autocuidado y reconocer la importancia de priorizar su salud mental y emocional.

Mi plan de cuidado personal

Instrucciones: Use esta hoja de trabajo para crear un plan para cuidarse y permanecer

saludable y feliz.

Actividades de autocuidado: enumere algunas actividades que le gusta hacer y que lo ayudan a sentirse

relajado y feliz. Estas pueden ser cosas simples como bañarse, escuchar música o

salir a caminar.

Ideas de actividades:

- Leyendo un libro

- dibujar o colorear

- Jugando un juego

- Tomando una siesta

- Baile

- Hacer un rompecabezas

- Cocinar o hornear

- Viendo una película

Estrategias de afrontamiento: Escriba algunas formas en que puede hacer frente a las emociones o situaciones dificiles. Estas pueden ser cosas como respirar profundamente, hablar con un amigo o familiar o salir a correr.

Estrategias de afrontamiento:

- ejercicios de respiracion profunda

- Hablar con un amigo o familiar de confianza

- Escribir en un diario

- Salir a caminar o correr

- Meditar o practicar mindfulness

- Hacer algo creativo, como pintar o tocar música

Técnicas de relajación: Piense en algunas técnicas de relajación que funcionen para usted, como tomar un baño tibio, practicar yoga o escuchar música relajante.

Técnicas de relajación:

- Tomando un baño tibio

- Practicar yoga o estiramientos

- Escuchar música relajante o sonidos de la naturaleza

- Visualizar un lugar tranquilo

- Hacer una meditación de escaneo corporal

- Usar una manta con peso o acurrucarse con una mascota

Hábitos Saludables: Haga una lista de algunos hábitos saludables que desea incorporar a su rutina diaria.

- rutina, como comer alimentos nutritivos, dormir lo suficiente o hacer ejercicio con regularidad.

Hábitos saludables:

- Comer una dieta equilibrada con muchas frutas y verduras.

- Beber mucha agua

- Dormir lo suficiente cada noche

- Hacer ejercicio regularmente, como salir a caminar o andar en bicicleta.

- Pasar tiempo al aire libre en la naturaleza

- Limitar el tiempo de pantalla y desconectarse antes de acostarse

Plan de cuidado personal: use la información que ha recopilado para crear un plan de cuidado personal que funcione

para ti. Escriba algunas actividades o estrategias específicas que pueda usar cuando necesite

cuidate.

_____

_____

_____

_____

_____

_____

Empfohlener Selbstpflegeplan:

- An Wochentagen gehe ich nach der Schule spazieren, um frische Luft zu schnappen und mich zu bewegen.

- Vor dem Schlafengehen mache ich jeden Abend 10 Minuten lang eine Entspannungsübung wie tiefes Atmen oder eine Bodyscan-Meditation.

- Wenn ich mich überfordert oder gestresst fühle, mache ich eine Pause und mache etwas Kreatives, wie Zeichnen oder Malen.

- Wenn es mir schwer fällt, einzuschlafen, höre ich beruhigende Musik oder eine geführte Meditation.

- Ich trinke den ganzen Tag über Wasser, um hydriert und mit Energie versorgt zu bleiben.

- Denken Sie daran, dass es wichtig ist, auf sich selbst zu achten und Ihr Wohlbefinden an die erste Stelle zu setzen. Verwenden Sie dieses Arbeitsblatt als Leitfaden, um einen Selbstfürsorgeplan zu erstellen, der für Sie funktioniert, und denken Sie daran, regelmäßig Selbstfürsorge zu üben.

Practicar el autocuidado y la autocompasión

La hoja de trabajo "Practicando el autocuidado y la autocompasión" es una herramienta importante para los niños y adolescentes que están aprendiendo a priorizar su propio bienestar a través de la terapia cognitivo-conductual. Les ayuda a definir y explorar prácticas de autocuidado y autocompasión, desafiar pensamientos negativos, establecer metas y acciones, y reforzar comportamientos positivos. A través de la utilización de esta hoja de trabajo, los niños y adolescentes pueden cultivar prácticas positivas y mejorar su bienestar psicológico y estado general de ser.

Practicar el autocuidado y la autocompasión

Anweisungen:

Beginnen wir mit der Definition von Selbstfürsorge und Selbstmitgefühl. Schreiben Sie Ihre eigene Definition auf

jede:

Selbstpflege: _____

Selbstmitgefühl: _____

Ahora, exploremos cómo practicas el autocuidado y la autocompasión en tu propia vida. Escriba algunos ejemplos de prácticas de autocuidado y autocompasión que utilice:

Prácticas de autocuidado: _____

Prácticas de autocompasión: _____

A continuación, hablemos de las prácticas de autocuidado y autocompasión de su hijo. Escriba algunas de las formas en que su hijo se cuida a sí mismo y muestra autocompasión:

Prácticas de autocuidado: _____

Prácticas de autocompasión: _____

A continuación, hablemos de las prácticas de autocuidado y autocompasión de su hijo. Escriba algunas de las formas en que su hijo se cuida a sí mismo y muestra autocompasión:

Prácticas de autocuidado:

Prácticas de autocompasión: _____

Desafiemos esos pensamientos negativos. ¿Se basan en hechos o suposiciones? Escriba la evidencia que apoya o refuta esos pensamientos:

Evidencia para: _____

Evidencia en contra: _____

Después de ver la evidencia, ¿cuál es el pensamiento más equilibrado que su hijo puede tener sobre sí mismo? Escríbelo a continuación:

Pensamiento equilibrado: _____

Ahora, hagamos un plan para practicar el autocuidado y la autocompasión. Escriba algunas metas y acciones específicas que su hijo puede tomar:

Meta 1: _____

Acción: _____

Meta 2: _____

Acción: _____

Finalmente, hablemos de cómo reforzar las prácticas de autocuidado y autocompasión. Escriba algunas formas específicas en las que puede animar y apoyar a su hijo:

Formas de reforzar las prácticas de autocuidado y autocompasión:

_____

Recuerde, practicar el autocuidado y la autocompasión es un proceso continuo. Mediante el uso de técnicas de TCC, su hijo puede aprender a desafiar los pensamientos negativos y desarrollar un cuidado personal positivo.
y hábitos de autocompasión.

Ejercicios de autocompasión

Los "Ejercicios de autocompasión" pueden ser una herramienta útil para que los niños practiquen tratarse a sí mismos con amabilidad y comprensión. Proporciona varios ejercicios para que prueben, como escribirse una carta a sí mismos o crear un mantra de autocompasión, que puede ayudarlos a desarrollar una imagen positiva de sí mismos y hacer frente a las emociones difíciles. Al practicar la autocompasión, los niños pueden aprender a ser más pacientes y perdonar consigo mismos, lo que en última instancia puede conducir a una mayor autoestima y resiliencia.

Ejercicios de autocompasión

Instrucciones: La autocompasión implica tratarnos con amabilidad y comprensión,

especialmente cuando estamos luchando o sintiéndonos deprimidos. Pruebe estos ejercicios para practicar la autocompasión.

Escribiéndote una carta a ti mismo: Escríbete una carta a ti mismo como si estuvieras escribiendo a un amigo que está pasando por un momento difícil. Use palabras de aliento y apoyo, y recuerde sus fortalezas y habilidades.

Mantra de autocompasión: elija una frase o mantra que lo ayude a sentirse tranquilo y conectado a tierra. Los ejemplos incluyen "Soy digno de amor y bondad" o "Que sea amable conmigo mismo en este momento". Repítete este mantra cuando necesites un recordatorio para ser compasivo contigo mismo.

Reconocer las emociones: cuando sienta emociones fuertes, tómese un momento para reconocerlas sin juzgarlas. Dígase a sí mismo: "Está bien sentirse así en este momento" o "Se me permite tener estos sentimientos". Esto puede ayudarlo a sentirse más aceptado consigo mismo y con sus emociones.

BRIEF VON MIR AN MICH

Respiración consciente: respira profundamente varias veces y centra tu atención en la respiración. Nota la sensación del aire entrando y saliendo de tu cuerpo. Mientras inhala, piense: "Estoy respirando en calma". Mientras exhala, piense: "Estoy exhalando estrés".

Autoabrazo: envuélvete con tus brazos en un abrazo suave e imagina que te envías sentimientos de calidez y comodidad. Esto puede ayudarlo a sentirse más conectado consigo mismo y calmar las emociones difíciles.

Recuerde, practicar la autocompasión requiere tiempo y paciencia. Sea amable y gentil con usted mismo mientras intenta estos ejercicios.

Diálogo interno positivo

El diálogo interno positivo y la autocompasión están estrechamente vinculados. La investigación ha demostrado que el diálogo interno positivo mejora la salud, las relaciones, la motivación, la confianza en sí mismo y la resiliencia. También mejora el bienestar mental y físico. Aquí hay una actividad para ayudar a su hijo a mejorar su diálogo interno.

HABLAR CON CONFIANZA

1. Identifique los mensajes positivos y de apoyo que resuenan con usted y que desea recordar y aplicar para un diálogo interno positivo.

2. Crea una representación visual de ti mismo o de un objeto que simbolice tu personalidad o carácter en el centro del espejo para que sirva como recordatorio de tus cualidades únicas.

3. Háblate a ti mismo en voz alta con regularidad para reforzar su mensaje de empoderamiento y aumentar tu confianza y confianza en ti mismo.

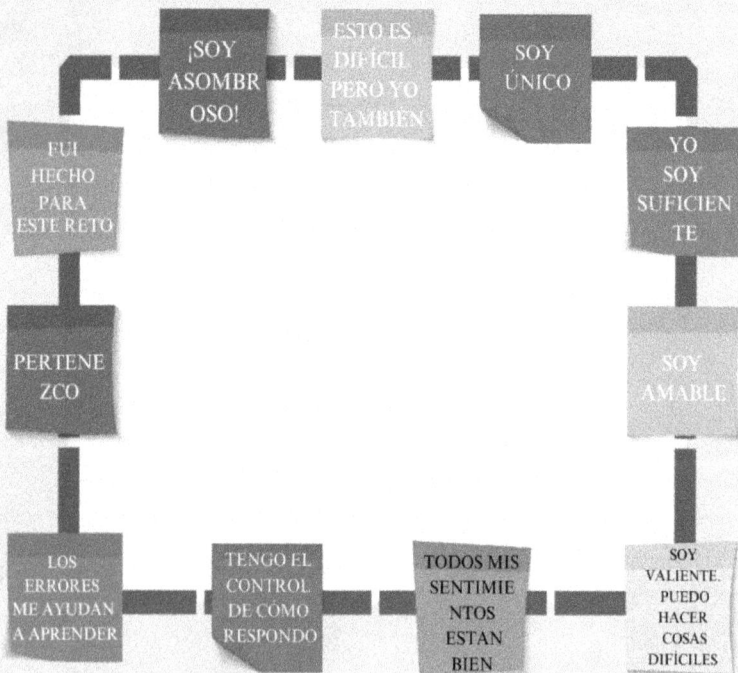

¡SOY ASOMBROSO!

ESTO ES DIFÍCIL, PERO YO TAMBIÉN

SOY ÚNICO

YO SOY SUFICIENTE

SOY AMABLE

SOY VALIENTE. PUEDO HACER COSAS DIFÍCILES

TODOS MIS SENTIMIENTOS ESTAN BIEN

TENGO EL CONTROL DE CÓMO RESPONDO

LOS ERRORES ME AYUDAN A APRENDER

PERTENEZCO

FUI HECHO PARA ESTE RETO

Capítulo 9: Seguir adelante con la curación de su hijo

Seguir adelante con la curación de su hijo implica crear un ambiente de apoyo, fomentar la resiliencia y buscar ayuda profesional si es necesario. Esto incluye proporcionar apoyo emocional continuo, desarrollar habilidades de afrontamiento, promover relaciones positivas y fomentar el autocuidado y la autocompasión. También implica reconocer que la curación es un proceso y que el progreso puede ser lento y no lineal. Con paciencia, empatía y compromiso con el bienestar de su hijo, puede ayudarlo a avanzar hacia un futuro mejor.

La terapia cognitivo-conductual puede ayudar a los padres y a sus hijos a avanzar en el viaje de curación mediante el uso de técnicas de establecimiento de metas, resolución de problemas, pensamiento positivo, atención plena y autocuidado. Al dividir las metas en pasos más pequeños, desarrollar habilidades para resolver problemas, desafiar el diálogo interno negativo, practicar la atención plena y participar en actividades de autocuidado, los niños pueden aprender a manejar sus emociones, establecer metas y promover el pensamiento positivo. La TERAPIA COGNITIVO-CONDUCTUAL proporciona enfoques prácticos y orientados a objetivos para promover un cambio positivo y apoyar a los niños en su viaje de curación.

9.1. Celebrando el progreso con su hijo

Reconocer y celebrar el progreso es una parte importante para ayudar a los niños a recuperarse del trauma. Puede proporcionar motivación y aliento para continuar su viaje de curación. Aquí hay algunas maneras de celebrar el progreso con su hijo:

o ***Reconozca y valide sus esfuerzos****: Muéstrele a su hijo que usted reconoce y aprecia el arduo trabajo que está realizando para superar su trauma. Valida su progreso y expresa tu orgullo por ellos.*

o ***Celebre los hitos:*** *Establezca metas alcanzables con su hijo y celebre cuando las alcance. Puede ser tan simple como celebrar cuando comparten sus sentimientos o probar una nueva actividad.*

o ***Use una tabla de progreso****: Las ayudas visuales como las tablas de progreso pueden ayudar a su hijo a ver qué tan lejos ha llegado y darle una sensación de logro.*

o ***Recompénselo:*** *Las pequeñas recompensas pueden ser una excelente manera de reconocer el arduo trabajo de su hijo. Las recompensas pueden ser tan simples como un regalo especial o una actividad divertida.*

o ***Celebren juntos como familia****: Celebrar el progreso de su hijo como familia puede crear un sentido de unión y apoyo.*

Por ejemplo, si su hijo tiene miedo a los perros y ha estado trabajando para superarlo, puede celebrar su progreso llevándolo a un zoológico de mascotas donde pueda interactuar con los animales en un ambiente seguro y controlado. También puede reconocer sus esfuerzos diciéndoles lo orgulloso que está de ellos y cuánto progreso han logrado.

Recuerde que celebrar el progreso no se trata de alcanzar la perfección. Se trata de reconocer los pequeños pasos que su hijo da hacia la curación y el crecimiento.

9.2. Establecer metas para el futuro con su hijo

Establecer metas para el futuro con su hijo puede ser una parte importante de su viaje de curación del trauma. Aquí hay algunas maneras de abordar esto:

o **Comience con metas pequeñas:** *Puede ser útil comenzar con metas pequeñas y alcanzables para las que su hijo pueda trabajar. Esto puede ayudar a construir su confianza y motivación.*

o **Discuta los intereses y aspiraciones:** *Hable con su hijo sobre sus intereses y aspiraciones y cómo le gustaría perseguirlos. Esto puede ayudarlos a desarrollar un sentido de propósito y dirección.*

o **Haga un plan:** *Trabaje con su hijo para crear un plan para lograr sus metas. Esto puede incluir dividir los objetivos más grandes en pasos más pequeños e identificar cualquier obstáculo o desafío que deba abordarse.*

o **Celebre** *los éxitos: Celebre los éxitos de su hijo en el camino, sin importar cuán pequeños sean. Esto puede ayudar a reforzar los comportamientos positivos y motivarlos a continuar trabajando hacia sus metas.*

o **Sea flexible:** *Es importante ser flexible y ajustar el plan según sea necesario. La curación del trauma no siempre es un proceso lineal, y pueden ocurrir contratiempos. Es importante ser comprensivo y alentar a su hijo a seguir avanzando.*

Ejemplos de objetivos podrían incluir logros académicos, actividades extracurriculares, eventos sociales y crecimiento personal, como el desarrollo de nuevas habilidades o pasatiempos. La clave es identificar las metas que son importantes para su hijo y ayudarlo a avanzar hacia un futuro más positivo y satisfactorio.

9.3. Planificación de posibles contratiempos

La planificación de posibles contratiempos es un aspecto importante para seguir adelante con la curación del trauma de su hijo. Implica anticipar posibles obstáculos o desafíos que su hijo pueda enfrentar en el futuro y desarrollar un plan sobre cómo superarlos.

Aquí hay algunos pasos que puede seguir para planificar posibles contratiempos:

- o *Identifique los posibles desencadenantes o factores estresantes: Piense en las situaciones o eventos que pueden desencadenar emociones o recuerdos negativos para su hijo. Estos podrían ser cosas como aniversarios de eventos traumáticos, ciertas personas o lugares, o actividades específicas.*
- o *Desarrolle un plan sobre cómo manejar estos desencadenantes: Una vez que haya identificado los posibles desencadenantes, trabaje con su hijo para desarrollar un plan sobre cómo manejarlos. Esto podría implicar practicar técnicas de relajación, hablar con un adulto o terapeuta de confianza, o participar en una distracción positiva.*
- o *Fomente la comunicación abierta: Anime a su hijo a comunicarse abiertamente con usted sobre sus sentimientos y experiencias. Hágales saber que está bien tener contratiempos*

> *y que usted está allí para apoyarlos durante el proceso de curación.*
>
> o **Revise las metas y estrategias**: *Revise periódicamente las metas y estrategias que usted y su hijo han desarrollado juntos. Haga los ajustes necesarios y celebre el progreso que su hijo ha logrado.*

Aquí hay un ejemplo: Digamos que su hijo experimentó un evento traumático en un parque y ahora se siente ansioso y temeroso cada vez que va a un parque. Puede trabajar con su hijo para desarrollar un plan sobre cómo manejar este desencadenante. Esto podría implicar practicar técnicas de respiración profunda y visualización y tener un adulto o terapeuta de confianza que acompañe a su hijo al parque. También puede alentar a su hijo a comunicarse abiertamente con usted acerca de sus sentimientos y celebrar pequeños pasos hacia adelante, como visitar un parque con un terapeuta o un adulto de confianza. Si su hijo experimenta un contratiempo, puede revisar el plan y hacer ajustes según sea necesario, como practicar técnicas de relajación con más frecuencia o buscar apoyo adicional de un terapeuta.

9.4. Empresas

Mis objetivos

La hoja de trabajo "Mis metas" está diseñada para ayudar a los niños a establecer metas a corto y largo plazo para su viaje de curación e identificar pasos específicos que pueden tomar para alcanzarlas. Al usar esta hoja de trabajo, los niños pueden aprender la importancia de establecer metas y desarrollar un sentido de control sobre su propio proceso de curación. Esta hoja de trabajo también puede ayudar a los niños a desarrollar confianza y motivación a medida que trabajan para alcanzar sus metas.

Mis metas

Instrucciones: Piense en lo que quiere lograr en su viaje de curación. Escriba sus objetivos a corto y largo plazo e identifique los pasos que puede seguir para alcanzarlos.

Metas a corto plazo (dentro de la próxima semana o mes):

Meta 1: _____

Pasos que puedo tomar para lograr este objetivo:

_____

_____

_____

_____

_____

Meta 2: _____

Pasos que puedo tomar para lograr este objetivo:

_____

_____

_____

_____

_____

126

Metas a largo plazo (dentro de los próximos seis meses a un año):

Meta 1: _____

Pasos que puedo tomar para lograr este objetivo:

_____

_____

_____

_____

_____

Meta 2: _____

Pasos que puedo tomar para lograr este objetivo:

_____

_____

_____

_____

_____

Recuerde, está bien si sus objetivos cambian con el tiempo. ¡Lo importante es tener algo por lo que trabajar y celebrar tu progreso en el camino!

Seguir adelante con la curación de su hijo

La hoja de trabajo "Avanzando con la curación de su hijo" es una herramienta importante para los padres y cuidadores que apoyan la salud mental de sus hijos a través de la terapia cognitivo-conductual. Proporciona un enfoque estructurado para reflexionar sobre el progreso y los retrocesos, desafiar los pensamientos negativos, establecer metas y acciones, y reforzar los cambios positivos. Al usar esta hoja de trabajo, los padres y cuidadores pueden continuar apoyando la curación de sus hijos y el progreso hacia una mejor salud mental y bienestar.

Avanzando con la curación de su hijo

Instrucciones:

Tómese unos minutos para reflexionar sobre el progreso de su hijo hasta el momento. ¿Qué cambios positivos ha notado en el comportamiento o estado de ánimo de su hijo desde que comenzó la TCC? Escríbelas a continuación:

Cambios positivos: _____

Ahora, hablemos de cualquier desafío que su hijo haya enfrentado en el proceso de curación. Anote cualquier obstáculo o contratiempo que su hijo haya experimentado:

Obstáculos: _____

Contratiempos: _____

Exploremos cualquier pensamiento o creencia negativa que pueda estar frenando a su hijo. Escriba cualquier pensamiento negativo que su hijo haya expresado o que haya observado:

Pensamientos negativos: _____

Desafiemos esos pensamientos negativos. ¿Se basan en hechos o suposiciones? Escribir

abajo la evidencia que apoya o refuta esos pensamientos:

Evidencia para: _____

Evidencia en contra: _____

Después de ver la evidencia, ¿qué pensamiento más equilibrado puede tener su hijo sobre sí mismo y su progreso? Escríbelo a continuación:

Pensamiento equilibrado: _____

Hagamos un plan para seguir adelante con la curación de su hijo. Escriba algunas metas y acciones específicas que usted y su hijo pueden tomar:

Meta 1: _____

Acción: _____

Meta 2: _____

Acción: _____

Finalmente, hablemos de cómo puede reforzar cambios y comportamientos positivos en su hijo. Escriba algunas formas específicas en las que puede animar y apoyar a su hijo:

Formas de reforzar los cambios positivos: _____

_____

_____

_____

Recuerde, la curación es un proceso que requiere tiempo y esfuerzo. Mediante el uso de técnicas de TCC y el establecimiento de metas y acciones específicas, usted y su hijo pueden continuar progresando y avanzando en el proceso de curación.

Celebrando el progreso

La hoja de trabajo "Celebrando el progreso" ayuda a los niños al alentarlos a reflexionar sobre el progreso que han logrado en su viaje de curación. Al reconocer sus logros, los niños pueden desarrollar su autoestima y motivación para continuar su trabajo de curación. Esta hoja de trabajo también ayuda a los niños a identificar áreas donde todavía necesitan apoyo y crecimiento, lo que les permite establecer nuevas metas y seguir avanzando. En última instancia, esta hoja de trabajo ayuda a los niños a mantenerse enfocados en su viaje de curación y los alienta a celebrar sus éxitos en el camino.

celebrando el progreso

Instrucciones: Use esta hoja de trabajo para reflexionar sobre su progreso en su proceso de sanación y celebrar sus logros. Tómese el tiempo para apreciar su arduo trabajo y el progreso que ha logrado, e identifique las áreas en las que aún necesita apoyo y crecimiento.

Reflexiona sobre tu viaje hasta ahora. ¿Cuáles son algunos de los desafíos que ha enfrentado y cómo los ha superado?

_____

_____

Escriba algunas de las cosas que ha logrado desde que comenzó su viaje de curación. Estos pueden ser logros grandes o pequeños, como probar una nueva estrategia de afrontamiento o hablar sobre tus sentimientos con un adulto de confianza.

_____

_____

Piensa en las personas que te han apoyado a lo largo del camino. ¿Quiénes han estado ahí para ti, te han escuchado y te han alentado? Anota sus nombres y cómo te han ayudado.

_____

_____

Identifique las áreas en las que todavía necesita apoyo y crecimiento. ¿Cuáles son algunas de las cosas en las que le gustaría trabajar o mejorar? Piensa qué recursos o estrategias podrían ayudarte en estas áreas.

_____

_____

Finalmente, tómese un tiempo para celebrar su progreso y sus logros. Puedes hacer esto dándote un gusto con algo especial, haciendo algo que disfrutes o simplemente reconociendo tu arduo trabajo y determinación. Recuerde que la curación es un viaje, y vale la pena celebrar cada paso adelante.

Preguntas de reflexión:

¿Cuáles son algunos de los logros de los que se siente más orgulloso?

_____

_____

_____

¿Quién ha sido el mayor apoyo para ti durante tu viaje de sanación?

_____

_____

¿Cuáles son algunas áreas en las que todavía necesita apoyo o crecimiento?

_____

_____

_____

¿Cómo puedes celebrar tu progreso y continuar trabajando hacia tus metas?

_____

_____

_____

Conclusión

El trauma infantil puede tener un gran impacto en la vida de una persona, pero no tiene que definir su futuro. "El libro de ejercicios de trauma infantil para niños 9-12" es un recurso valioso para los niños que han experimentado un trauma y están buscando formas de sanar y avanzar en sus vidas. Este libro de trabajo utiliza técnicas de terapia cognitiva conductual basadas en la evidencia para guiar a los niños a través del proceso de comprensión y manejo de sus síntomas relacionados con el trauma. Con hojas de trabajo interactivas, actividades y ejercicios, los niños están facultados para tomar un papel activo en su viaje de curación. Se les anima a explorar sus emociones, identificar los desencadenantes y desarrollar estrategias de afrontamiento para controlar sus síntomas. El libro de ejercicios también enfatiza la importancia del autocuidado, la autocompasión y la construcción de relaciones positivas.

Mediante el uso de ejemplos identificables y ejercicios atractivos, los niños pueden obtener una mejor comprensión de su trauma y cómo ha impactado sus vidas. Son guiados a través de un proceso de curación y autodescubrimiento, ayudándoles a pasar de sobrevivir a prosperar. En general, "El libro de ejercicios de trauma infantil para niños 9-12" proporciona una guía integral y empodera dora para que los padres ayuden a sus hijos a superar sus heridas pasadas y desarrollar las herramientas necesarias para un futuro satisfactorio y resistente. Este libro de trabajo es imprescindible para cualquier padre cuyo hijo haya experimentado un trauma y esté buscando tomar el control de su viaje de curación.

www.ingramcontent.com/pod-product-compliance
Lightning Source LLC
Chambersburg PA
CBHW060238030426
42335CB00014B/1523